軽便鉄道入門

人々の生活に寄り添い、支えた
全国で活躍した小さな鉄道。

黒部峡谷を走るトロッコのような列車。運行する黒部峡谷鉄道では「トロッコ電車」と呼んでいるが、険しい地形を小さな客車を連ねて走るアドベンチャー気分あふれる鉄道である。線路の幅は762㎜。一般の鉄道より狭く、これが本書で紹介する「軽便鉄道」の仲間だ。

広々とした田園地帯を走る三岐鉄道北勢線。電車は４両の編成を組んでいるが、１両目の車体は長く、２～４両目は短い。このちぐはぐな感じを“魅力”と感じるのが「軽便鉄道」の楽しみ方だ。

途中の駅で行き違う、四日市あすなろう鉄道の電車。この角度で見ると線路幅の狭いことがよくわかる。そして線路幅だけでなく、車体も小ぶりにつくられている。必要最小限の設備でコストパフォーマンスの良い輸送。これが「軽便鉄道」のめざす道だった。

険しい地形を走る黒部峡谷鉄道には多くの橋梁も使われているが、黒薙駅そばの後曳橋もそのひとつ。深い谷にかかった鉄骨製のアーチ橋が美しい。この魅力を楽しむためにぜひ途中下車してみたい。

成田ゆめ牧場にはお花畑を周回する「まきは線」かあり、トロッコ列車か運行されている。これは軽便鉄道の保存運動を行っている羅須地人鉄道協会かタイアップする形で運営しているもの。軌間は610㎜、同協会のメンバーかめさす理想の「軽便鉄道」か創られている。

YUME&
RASS RAILWAY
1501

多くの「軽便鉄道」はすでに歴史の中に消えてしまったが、その姿を後世に伝えるべく、さまざまな姿で保存や展示も行われている。木曽の王滝村松原スポーツ公園では、保存運動を行う、りんてつ倶楽部とタイアップする形で、木曽森林鉄道の動態保存が行われている。

軽便鉄道入門

KEIBEN

松本典久◉Matsumoto Norihisa

人々の生活に
寄り添い、支えた
かつて全国で活躍した
小さな鉄道。

天夢人
Temjin

「軽便鉄道」への招待

「軽便鉄道」と書いて「けいべんてつどう」と読む。

ぼくの体験したささやかな出会いの中、現地では「けえべん」「けーべん」あるいは「けいびん」と呼んでいたこともあった。国語の教科書ではないので、ここは目くじらを立てずにおきたい。それよりも地方や人々によっていろいろと呼ばれていたということは、それだけ馴染みのある存在だったとも思える。

では「軽便鉄道」とはいったい何モノなのか？　改めて問われると答えに窮してしまう。

ちゃんとした定義があるわけではなく、すでに一般の辞典で取り上げる用例からも外れつつある。言葉すらも死語になりつつあるのだ。

しかし、鉄道愛好者のなかではいくつかの確固たるイメージがあり、それを魅力として探求を続ける方も多い。ぼくとしても探求は言い過ぎだが、魅力を感じていることは確かだ。

たぶん、だれもが認めるであろうイメージのひとつは「線路の軌間が狭いこと」だ。

狭いといっても相対的な判断で、これはJR在来線などで使用されている1067ミリよりも狭ければ、愛好者としてはとりあえず合格である。これで「狭軌」あるいは「ナローゲージ」と呼ばれる鉄道の姿が見えてくる。

一方、鉄道運営者にとって軌間を狭くすることは、建設費や維持費を廉価に抑え、需要にあった鉄道とすることができる。つまり「身の丈に合う」ということだ。利用者にとっては気取らない、下駄ばき感覚で利用できる鉄道となる。路面電車あたりにも言えることだが、ここに「軽便鉄道」の魅力が生まれてくるように思う。

こうした条件を突き詰めていくと、「軽便鉄道」には都会ではなく田舎、田畑や自然が多く残った地域で運行されるイメージが出てくる。なんだか「軽便鉄道」すなわち「狭軌鉄道」あるいは「ナローゲージ鉄道」となってきたが、そう考えていただいても間違えではないだろう。

ただし、ぼくの場合、標準軌や広軌の鉄道に対しても「軽便鉄道的でいいなあ」と感じることがある。「軽便鉄道」の魅力は軌間だけに留まるものではないのだ。何とも深淵な世界なのである。

それではぼくの考える「軽便鉄道」の姿や魅力をさまざまな角度から紹介しよう。「軽便鉄道」という魅惑の世界にお招きいたします。

鉄道趣味の大先輩・牧野俊介氏の撮影された岡山県の西大寺鉄道。なんとも妙ちくりんな機関車に魅力を感じる方、あなたはすでに魅惑的な「軽便鉄道」の世界の虜です。おめでとうございます！

軽便鉄道入門・目次

COLUMN

第1章

軽便鉄道へのいざない

三岐鉄道北勢線

2023年現在、今も現役で運行されているナローゲージの鉄道が3社4線もある。ナローゲージすなわち軽便鉄道というわけではないが、そこには往年の軽便鉄道に通じる楽しさがある。「軽便鉄道」的な魅力を探りながら、現行のナロー鉄道を歩いてみよう。

まずは三重県北部で運行を続けている三岐鉄道北勢線を訪ねてみた。

三重県は多くの軽便鉄道を活用してきた土地柄で、明治末期に開業した大日本軌道伊勢支社を皮切りに大正時代に北勢鉄道や三重軌道などが次々と開業、のべ7社の軽便鉄道が登場している。実はそのうちの2社3線が経営母体を

三崎跨線橋から見下ろした三岐鉄道北勢線。隣に1067㎜のJR線、1435㎜の近鉄線が並び、軌間の違いがよくわかる

変えながら今日まで生き残っているのだ。21世紀の軽便鉄道ファンにとっては聖地のようなエリアなのである。

三岐鉄道の北勢線は、ＪＲ関西本線や近鉄名古屋線、そして養老鉄道の発着する桑名駅に隣接した西桑名駅を起点として員弁《いなべ》川沿いに阿下喜《あげき》駅に至る20・４キロの路線だ。

簡単に歴史をたどると１９１４（大正３）年、北勢鉄道として開業、１９３１（昭和６）年には阿下喜まで全通している。当時は蒸気機関車による運行だったが、１９３４（昭和９）年に電化、社名も北勢電気鉄道と改めた。戦時中の国策によって近隣の鉄道会社とバス会社が統合されて三重交通が誕生、北勢電気鉄道も同社の北勢線となった。戦後の１９６４（昭和39）年に三重電気鉄道を設立、当時残っていた三重交通の鉄道部門がここに分離された。その1年後には近鉄が三重電気鉄道を合併、以後長らく近鉄北勢線と運行されてきた。

２０００（平成12）年になって近鉄は経営合理化に向けて北勢線の廃止を表明。バス転換も検討されたが、地元では鉄道での存続を望み、第三セクターによる新会社での運営に希望をつないだ。しかし、廃止までの時間的猶予が少

西桑名第２号踏切道。手前から三岐鉄道北勢線、JR線、近鉄線と並び、軌間の違いを間近に観察できる

なかったため、最終的に三岐鉄道が運営を担当することになり、２００３（平成15）年４月から同社の北勢線となったのである。

桑名駅を跨ぐ自由通路から四日市側を望むと線路のすぐ「東側」に北勢線の西桑名駅が見える。

桑名駅の東側にあって「西桑名」とは変な名前だが、実は複雑な歴史がある。

この駅の開業時、すでに関西本線の桑名駅があった。位置からして同名にしてもよさそうなものだったが、北勢線の前身となる北勢鉄道は住所が大山田村だったことから大山田駅とした。１９２４（昭和４）年に大山田村は西桑名町となり、駅名も西桑名に改称したのである。その後、西桑名町は桑名町と合併、桑名市となったが、歴史を重んじて西桑名の駅名を残したそうだ。

西桑名駅は桑名駅東口駅前広場に面した一角にある。広場から北勢線の車止めも見えるが、鉄道の線路を見慣れた人であれば、線路の幅が狭いことに気付くはずだ。軌間は７６２ミリ。まさしくナローゲージである。

ただし、一般には線路を見ただけで軌間の見当はなかなかつかない。

というわけで、西桑名駅をやり過ごし、線路沿いに200メートルほど進んだ「西桑名第2号踏切道」を渡ってみよう。

この踏切は北勢線だけでなく、ＪＲ関西本線、そして近鉄名古屋線も一気に渡る構造だ。線路の幅（軌間）は北勢線側から７６２ミリ、１０６７ミリ、１４３５ミリと異なり、踏切を渡ることで軌間の違いを体感できるのだ。最初に北勢線を渡るときは気付かないかも知れないが、ＪＲ関西本線まで足を進めると、北勢線がＪＲ線より30センチも狭いことを実感する。さらに近鉄線では北勢線の倍近い広さだ。これは新幹線とも同じ軌間で、北勢線がナローゲージであることを改めて実感するのである。ちなみに3種類の線路幅を一気に横断できる踏切は日本で唯一ここだけだ。

さらに進んで「三崎跨線橋」から見下ろすのも一興だ。踏切からは2～3分の距離だ。

ここからは3種類の線路幅が一望でき、ＪＲ在来線などとは明らかに異なるナローゲージの線路を味わうことができる。

西桑名駅に戻って北勢線の列車に乗ろう。
現在のところ、北勢線でICカード乗車券の扱いはなく、乗車にはきっぷが必要だ。これは三岐鉄道の本体となる三岐線（こちらは軌間1067ミリ）も同様だ。

そのかわり北勢線と三岐線共通で利用できる一日乗車券「三岐鉄道1日乗り放題パス」（おとな1200円／こども600円。2023年10月現在）がある。発売は西桑名駅のほか、北勢線では星川・東員・楚原・阿下喜の各駅、三

運転席。線路の狭さが判る

車内の様子。車体幅も狭く、吊り輪をつかんで立つと膝がぶつかりそう

改札口は自動だが、まだ紙のきっぷを使用中。
写真左奥の箱がきっぷ確認装置（七和駅にて）

沿線には立派なつくりの民家も多く、街の歴史を感じさせる（東員～大泉間にて）

岐線では西野尻を除く各駅。西桑名～阿下喜間の運賃は510円（2023年10月現在）なので、北勢線だけの単純往復では元が取れないが、途中下車なども楽しむならこれが便利だ。

なお、この一日乗車券は自動改札機を通すことができない。そのため、無人駅では改札機のわきにカメラ付きのインタホンが設置されている。このカメラに向けて一日乗車券を置いてインタホンを鳴らすと、センターで有効なきっぷかどうかを目視確認、自動改札機を開いてくれるしかけだ。これが「21世紀の軽便鉄道なのだ」と、悦に入る。

ホームには色鮮やかな三岐鉄道色で装う電車が待っていた。先頭部には三岐鉄道北勢線発足20周年を迎える記念ヘッドマークも掲げ、華やかな雰囲気だ。

改めて電車を眺め、その大きさに驚かされる。見た目は近代的なスタイルだが、車体は遊園地の乗り物のように小さいのだ。車体長も短く、10メートル少々。JRや大手私鉄の電車は20メートル級なので、約半分の長さだ。もっとも北勢線では日本のナロー鉄道最長となる15メートル級車両もいる。ただし、小さいとはいえ、出入口は自動ドアで、

楚原～麻生田間にある「めがね橋」。3連のアーチ橋で、「土木学会選奨土木遺産」にも指定されている

ロングシートとなった車内には吊り輪も用意されている。軽便鉄道ファンにとっては「かわいい車両」となる。

２０２３年の夏は世界的な猛暑がニュースとなり、乗車時は冷房の有無が気になった。実は三岐鉄道に引き継がれる前の北勢線では全車両が非冷房だったのである。三岐鉄道移管後、近代化事業が進められ、２００６（平成18）年から車両の冷房化も実施された。面白いのは冷房装置の搭載方法だ。ＪＲなどでは屋根上に搭載しているが、北勢線では車両が小さく重心が高くなってしまうため、客室内の車端部に設置している。その分、定員が少なくなってしまうが、冷房サービスには代えられないというところだろう。２０２３年現在、一部に非冷房車も少々残っており、わざわざこの車両を選び、酔狂にも往年の姿を楽しんだりもした。

西桑名駅を出ると、しばらくＪＲ関西本線、近鉄名古屋線と並行して走り、やがて半径１００メールほどの急カーブで両線を跨いで山側へと進み、馬道駅に到着する。ここで行き違いの電車を待って発車する。三岐鉄道移管後、運転本数の拡大も心がけ、特に西桑名側では本数が多い。

この先、しばらく住宅街を進んでいくが、東名阪自動車

33.3‰を登る。楚原駅にて

道の直下に位置する在良《ありよし》駅あたりから沿線に耕作地も点在するようになる。

２００５（平成17）年に新設された星川駅を出るとすぐにSカーブを抜ける。これは員弁川の支流となる嘉例川を直角に渡るための線形だ。現在の川幅からすれば斜めに渡っても大差なさそうに思えるが、建設当時はカーブを入れても橋梁を短くして、少しでも廉価に建設する方が大切だったのである。この先、七和～穴太《あのう》間、穴太～東員《とういん》間、東員～大泉間にも緩やかなSカーブがあるが、これも弁天川、藤川、茶屋川を直角に渡るための線形だ。こんなカーブが軽便鉄道らしさを味わわせてくれるのだ。

なお、東員～大泉間には北勢線の車両基地がある。かつては北大社《きたおおやしろ》駅が隣接していたが、北勢線の駅数を調整して合理化・速達化をはかるため、駅は廃止、現在は信号場となっている。

大泉駅を出てしばらくすると行く手に33・3パーミルの北勢線最急勾配が立ちはだかる。これを乗り越えたところに楚原《そはら》駅がある。当駅から徒歩15～20分のところに「土木学会選奨土木遺産」にも指定されている「めがね橋」と「ねじり橋」がある。共にアーチを描く美しい橋で、列車撮影のスポットとしても人気がある。

ちなみに「ねじり橋」は石積みの構造によるネーミングだ。ここで北勢線は用水路を斜めに渡る。そのため、石積みは用水路の角度に合わせて斜めに組み、アーチの軸力を有効に伝達させるべく工夫しているのだ。実は中京・関西地区では明治時代に建設されたレンガアーチで多用された工法で、「ねじりまんぼ」という方言で呼ばれることもある。谷崎潤一郎は小説『細雪』の中で「東京には通じない京阪の言葉」として紹介している。

三重県の人々も「まんぼ」と呼んでいるが、北勢線では判りやすく「ねじり橋」としたようだ。名前はともあれ、アーチの下から見上げる構造は必見に値する。

ちなみに「めがね橋」の方は3連のコンクリート橋だ。北勢線建設時、日本ではコンクリート技法が使われるようになり、当時最新の技法を導入したのである。

このあたりから沿線には広々とした田んぼが広がる。すっかり郊外に抜けた感じで、北勢線の電車は山裾に沿った緩やかなカーブを重ねながら進んでいく。

乗客も減り、運転室の後ろにかぶりつきで前面展望を楽しむ。ここで改めて線路幅の狭さを実感する。実は北勢線のレールは高軌条化が進められており、本線の大半は40キロレールとなったそうだ。開業時は12キロの細いレールだったが、20キロ、22キロ、30キロと徐々に太いレールに変更されてきた。レールが太くなると相対的に軌間が狭く見え、今の北勢線はナローゲージが強調されているともいえる。

また、レールの外側に白い信号地上子が設置されている。北勢線では列車のCTC制御も実施されているが、一般の鉄道ではレールの内側に信号地上子を設置する。ナローゲージで車両が小さく、車両側の端末が中央には付けられなかったのかも知れない。こんなところにも軽便鉄道ならではの工夫があるのだ。

やがて田園地帯から森の中に分け入り、麻生田《おうだ》駅へ。この駅の前後はしばし森が続く。北勢線は短い路線とは思えぬほど、いろいろな車窓を楽しませてくれるのだ。

こうして西桑名駅から50分ほどで終点の阿下喜駅へと到着した。ホームには「日本最西端のナローゲージ駅」とも記され、北勢線ではナローゲージであることをPRのひと

楚原～麻生田間にて

軽便鉄道博物館モニ 226

上・軽便鉄道博物館
下・阿下喜駅そばで製造販売
「軽便煎餅」

つに使っている。

　この阿下喜駅のわきには、北勢線とまち育みを考える会（ＡＳＩＴＡ）による「軽便鉄道博物館」があり、北勢電気鉄道時代から使われてきた荷物電車（モニ２２６）などが保存されている。モニ２２６は１９３１（昭和６）年生まれ。美しく修復され、昭和初期の電車の魅力をたっぷり味わえる。また、毎月第１・３日曜日にはミニ軽便車両の運転なども行われている。

　車両や設備の近代化をはかりながらも、人々の生活に密着した「かわいい鉄道」であり続ける北勢線。これが「21世紀の軽便鉄道」の姿なのだ。

黒部峡谷鉄道

黒部峡谷の深い谷にしがみつくように走る鉄道、それが黒部峡谷鉄道だ。

大正時代、日本電力（現・関西電力）が黒部川の電源開発を行なうため、資材輸送用に敷設した専用軌道がルーツである。戦後、宇奈月〜欅平間を整備し、一般の人も乗れる地方鉄道となった。

地方鉄道に格上げされたとはいえ、険しい地形を走ることには変わりない。

そのため、車両の大きさや線路の幅はＪＲ在来線よりぐんと小さい規格を使っている。ちなみに線路の幅は７６２ミリ。本書のテーマとするナローゲージの「軽便鉄道」なのである。

線路幅が狭いため、車体も極小。窓のない吹きさらしの車両もあり、まさに〝トロッコ〟だ。ちなみに現在の黒部峡谷鉄道では自ら「トロッコ電車」と呼び、ＰＲしている。今となっては貴重な、活用されている「軽便鉄道」ということで、電車ではなく、電気機関車牽引の客車列車なのだけど…というちゃちゃは入れないでおく。

黒部峡谷鉄道の起点は宇奈月だ。黒部川の中流に位置する温泉地である。

北陸新幹線の開通した今、旅は新幹線の黒部宇奈月温泉駅から始めることにする。ここは黒部川の扇状地に位置し、広々とした地形。黒部川で二分された立山連峰と後立山連峰が遠望できる。

駅前には富山地方鉄道の新黒部駅が隣接しており、まずはここから富山地鉄の電車で宇奈月温泉へと向かう。新幹線と富山地鉄に挟まれた駅前広場には、凸型の電気機関車と小さな客車が展示されているが、これはめざす黒部峡谷鉄道で走っていた車両だ。

富山地鉄に乗り換えしばらく進むと、穏やかな田園地帯

黒部峡谷鉄道黒薙駅付近の後曳橋梁を渡る列車。窓が設置されたバリアフリー対応の「リラックス客車」も連結されている

沿線には雪崩&落石除けが数多く設置されている

初期に使用された小型の電気機関車は黒部峡谷鉄道宇奈月駅前に展示

北陸新幹線黒部宇奈月温泉駅前に展示されている黒部峡谷鉄道の機関車

トンネルのいくつかは岩肌がそのまま残っているものもあった

自動車を積載した貨車にも出会った

だった車窓ががらりと変わる。うっそうとした山が迫り、急なカーブが連続する。勾配もきつい。斧で断ち割ったような黒部川の深い谷も現れ、本題の黒部峡谷鉄道に入る前から地形の険しさを実感する。やがて終点の宇奈月温泉に到着する。山深い地形ゆえ、駅前はかなり狭いが、湯煙の昇る噴水などもあり、温泉街の情緒がある。

富山地鉄駅のわきに目的の黒部峡谷鉄道の構内が広がる。険しい谷ゆえ、広い場所を確保することができず、構内は細長くつくられているのだ。乗客向けの客車も並んでいるが、無蓋車、長物車、そして有蓋車などいろいろな貨車もひしめいている。すでにいろいろな資材が積載され、自動車をそのまま積んだ長物車もあった。道路は宇奈月ダムまでしか通じておらず、その上の道路で車を走らせるためには、こうして鉄道で運んでいかねばならないのだ。今なお、黒部峡谷鉄道では資材輸送を担っていることを実感する。

黒部峡谷鉄道ののりばは、富山地鉄の宇奈月温泉駅から坂道を登った宇奈月駅として別に構えている。その途中にも黒部峡谷鉄道の古い電気機関車が展示されている。

黒部峡谷鉄道のトロッコ列車では、ちゃんとした窓のある客車も連結しているが、ここでは吹きさらしの「普通客車」に乗りたい。遊園地の豆汽車のようなベンチと屋根が設けられただけの簡素なつくりだ。ドアはなく、腰板を跨いで乗り込み、手すりとなるチェーンをかける。座席は右側に陣取る。距離にして3分の2ほど、途中の鐘釣駅まで列車は黒部川の右岸を遡っていき、車窓が開けるのは右側なのだ。といっても谷底の川面まで望めるような場所はごくわずかである。

列車は出発するとのっけから車輪をキーキーときしませる。地形が険しいため、カーブがとてもきついのだ。そのため、速度も最高時速25キロとゆっくり進んでいく。

また、トンネルや落石覆いの屋根も多い。明かり区間は半分ほどのイメージだ。トンネルの内側にはコンクリートの打ち込みが進められているが、岩山を掘り抜いたままになっているところもあり、アドベンチャー気分を味わわせてくれる。

線路に沿ってコンクリートの構造物が続くが、これは列車が運行できない期間、物資を徒歩で運ぶための歩道だ。ところどころに明り取りの窓穴があり、要塞のようなつくりになっている。

実は積雪量が多いため、この鉄道は冬季に完全運休してしまうのだ。この間、雪崩などの被害から施設を守るため、一部の架線は取り外してしまうといい、自然の厳しさを物語っている。

黒部峡谷鉄道は宇奈月〜欅平間の全線20・1キロが単線となっている。そのため、2〜3キロごとに行き違いので きる駅が設置されている。ただし、一般の乗客が利用できるのは、黒薙、鐘釣と2か所だけだ。

まず、黒薙駅で下車する。行き違い設備もない、ホーム1本だけという施設で、ホームの半分近くは落石覆いに覆われている。周辺に民家はないが、ここから20分ほど山道を歩くと黒薙温泉があり、その利用者のための客扱いなのだ。

この黒薙温泉は、江戸時代初期に発見されたものの、当時は黒部峡谷の盗材を防ぐために見分した事実は極秘事項、一般には秘密のまま残されていた。それから二百年ほどの月日を経て、嘉永2(1849)年に開湯されている。湯量は豊富だったが、険しい奥地ゆえ湯治場としての利用も限られたため、大正期にここから約10キロ引湯、宇奈月温泉として開かれたのだ。今も引湯が行われおり、宇奈月温

森石駅で列車の行き違い。この駅では一般の乗降はできない

泉の源泉となっている。

黒薙駅を出ると列車はすぐに黒薙川の谷を後曳橋梁で渡るが、温泉に向かう山道の途中からその姿が見え、写真撮影のポイントにもなっている。撮影の場合、午後のほうが順光となり、帰路に下車する方がいいかも知れない。

一般乗降できない猫又駅を過ぎると40パーミルを超える急勾配が連続するようになり、50パーミルという当線最急勾配も現れる。ちなみに宇奈月駅の標高は224・5メートル、終点の欅平駅は599・1メートル。ほぼ上りが続き、平均でも18パーミルを超える片勾配となっているのだ。

この急勾配を登ってたどり着く鐘釣駅は、至近に2軒の温泉宿があり、それを利用する乗降客でにぎわう。実は黒部川の谷底まで降りると、河原に温泉が湧き、入浴することもできるのだ。ただし、ちゃんとした湯舟がしつらえてあるわけではなく、スコップを借りて自分で整える。湯の温度が熱ければ川の水を引き込んで調整するという、まさに秘境の温泉なのである。

この鐘釣駅では列車の出発時に一旦後退してから進む、スイッチバック運転も行われている。これは急勾配を制するための施設ではなく、列車長が長くなったための工夫だ。日本の場合、スイッチバック運転そのものが珍しくなっているので、これも黒部峡谷鉄道では欠かせない楽しみどころとなっている。

鐘釣駅の手前から終点の欅平駅まで、列車は黒部川の左岸を走る。黒部川の谷はさらに狭まり、トンネルも増えてくる。鐘釣〜木屋平間には全長1073・56メートルという当線最長の三十五号トンネルもある。

こうして1時間30分あまりで終点の欅平駅へと到着する。今日、誰もが黒部峡谷鉄道で欅平まで容易くたどることができるようになったが、かつては山歩きの経験豊かな人だけに許された秘境だった。駅のすぐわき、黒部川本流に架けられた奥鐘橋から深いV字谷をのぞき込むと、改めてそんな思いに駆られる。

大自然の中に切り開かれた黒部峡谷鉄道。ここでは「軽便鉄道」というだけでなく、鉄道そのものの魅力にあふれている。トンネルや落石覆いで車窓が遮断される場所も多いが、その間に展開する車窓は何度見ても圧倒される。特に5月の残雪と新緑、10月末の紅葉は見事だ。

欅平駅そばの奥鐘橋から望む黒部川本流

終点の欅平駅。地形が険しく、線路とホームが設置されているだけ。機関車の付け替えはこの先で行い、回送のかたちで入線してくる

今も残っている軽便鉄道めぐり❸

四日市あすなろう鉄道

先に紹介した三岐鉄道北勢線と共に「軽便大国」だった三重県で今日も762ミリのナローゲージ鉄道として存続しているのが、四日市あすなろう鉄道だ。

ひらがなの混じった珍しい鉄道名だが、これは「ナローゲージ」と「明日に向かう未来の希望」を掛け合わせてつくられたもの。実はこの名前での運行となったのは新しく、2015（平成27）年4月1日からなのだ。

路線は近鉄四日市駅に隣接する、あすなろう四日市駅を起点に内部駅まで5・7キロの内部線、そして途中の日永駅から西日野駅まで1・3キロの八王子線と2つある。合わせてもわずか7キロ、極めてコンパクトなエリアで運行して

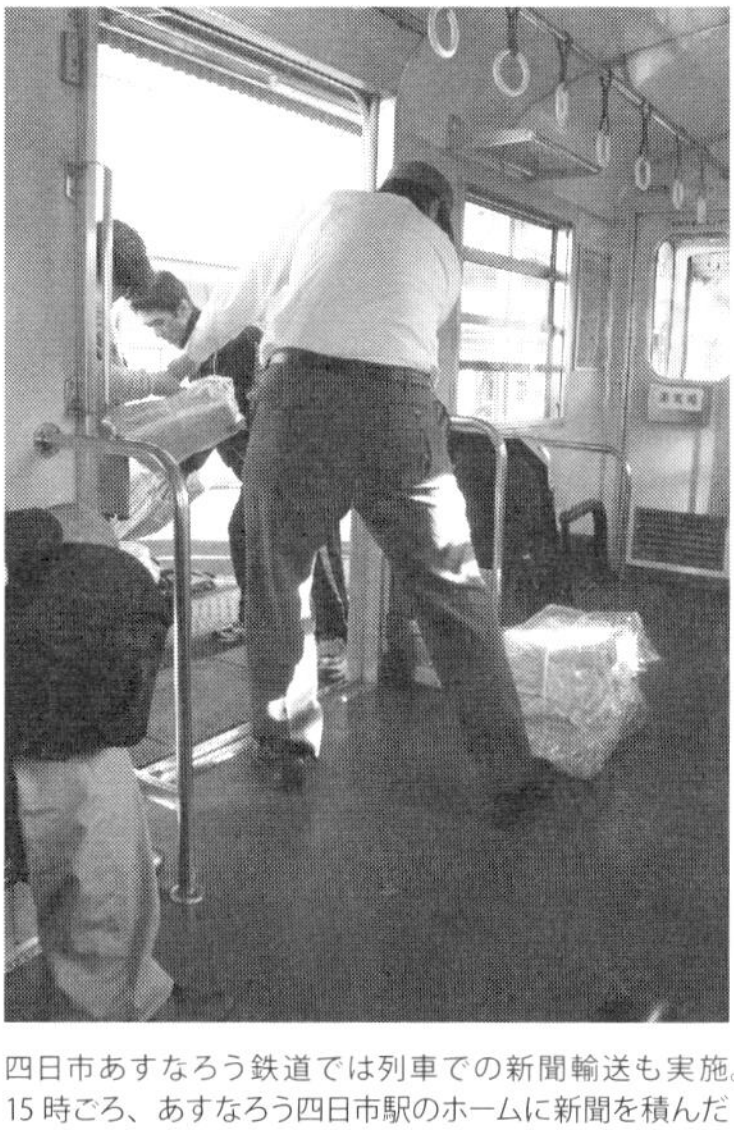

四日市あすなろう鉄道では列車での新聞輸送も実施。15時ごろ、あすなろう四日市駅のホームに新聞を積んだ台車が姿を現わし、列車最前部に次々と積み込んでいく。この列車には専用の職員が便乗、各駅で待機していた新聞配達の人々に手渡ししていく。こうした輸送にも役立っている姿を見るとうれしくなる

内部線（写真左）と八王子線が分岐する日永駅。構内の配線がコンパクトにまとめられているのも「軽便鉄道」らしさを感じさせる。八王子線側の走る電車のパステル調塗装は近鉄からの引継ぎ。2018年まで残っていたが、現在はすべてツートンの新塗装となっている

いる。線形をおおざっぱに捉えると、あすなろう四日市駅を根元に置いた「Y字形」。運行はあすなろう四日市駅を起点に内部駅行きと西日野駅行きを交互に走らせているスタイルとなっている。そのため、同社では内部線、八王子線として独立した路線ではなく「内部・八王子線」と同列に案内している。

路線としてのルーツは大正時代までさかのぼる。明治〜大正の端境期、三重軌道として設立され、1912（大正元）年8月14日に四日市市と隣接する四郷村を結ぶ路線を開業した。これは現在の八王子線に相当する日永〜八王子村（のち伊勢八王子）間となる。その後、軌道から鉄道に改め、会社名も三重鉄道とした。そして1922（大正11）年までに内部駅に向かう内部線も全通させている。

開業時はドイツからコッペル機を輸入して走らせていたが、1928（昭和3）年には小型の単端式気動車を導入して旅客輸送を強化した。さらに戦時体制となって燃料事情が悪化すると電気運転で乗り切ることを画策、まず内部線を電化した。一方、三重県下では鉄道・バス事業者を合併統合する動きが出て、三重鉄道は北勢線のルーツとなる

四日市あすなろう鉄道の電車はロングシートだけでなく、クロスシートも使われている。車内は小ぶりで、ここにも「軽便鉄道」らしさがある

北勢電気鉄道などと共に三重交通へと合併された。

戦後の三重交通時代、残っていた八王子線も電化され、両線とも電気機関車や電車による運転となった。

その後、三重交通の鉄道部門は三重電気鉄道に分離、さらに近畿日本鉄道へと移行した。この時代、八王子線は壊滅的な水害を受け、1976（昭和51）年には西日野〜伊勢八王子間を廃止する。現在、八王子まで至らぬのに八王子線を名乗るのは、こんな経緯があるからだ。

こうして半世紀にわたって近鉄の路線として運行を続けてきたが、近鉄は運営合理化のために両線を廃止、線路をバス専用道路に変更して運営する方針を表明する。しかし、地元では鉄道による存続を希望、その結果、四日市市などが出資する第三セクター方式の四日市あすなろう鉄道が設立され、2015年からその運営となったのだ。

ただし、その運営実態はやや複雑で、線路などの鉄道施設や車両は四日市市が第三種鉄道事業者として公有、運行は四日市あすなろう鉄道が第二種鉄道事業者として民営にて行うというものだ。四日市あすなろう鉄道としてはリース料を支払っての運行だが、資金的な負担は減ったことで経営は順調、発足以来黒字経営を続けている。

このように体制は大きく変わったが、利用者に寄り添う「軽便鉄道」らしさはより強化されたようにも見える。四日市あすなろう鉄道は気取って利用する必要はなく、まるで家庭の延長のような身近で優しい存在なのだ。

旅人として四日市あすなろう鉄道に乗った時、こうした情景に触れると何とも心温まる気持ちになれる。

例えば通学で利用する中学生や高校生たち。運転士さんとも笑顔で挨拶する。この人と人との当たり前の関係が残っている。また、近鉄時代から行われてきた列車での新聞輸送も継続している。荷物室を設けず、乗客が利用する客室の一隅に新聞を積み上げ、各駅で降ろしていく。乗客と荷物がいっしょ。この肩を張らないおおらかな対応もいい。

JRのローカル線でもこうした出会いはある。しかし、四日市あすなろう鉄道では軽便規格のコンパクトな車両の中で展開するのだ。ここに何とも優しい空気が漂っている。

四日市あすなろう鉄道に乗っていると、心に描き続けてきた「軽便鉄道」への憧憬が満たされていくのだ。

八王子線の終点、西日野駅。夕方になると至近にある県立の高校生たちでにぎわう

夕暮れの日永駅。八王子線の発着する3番線ホームはカーブして設置。この急なカーブの具合も「軽便鉄道」では魅力となる

全国各地の保存鉄道

現役のナロー鉄道は3社となってしまったが、かつて運行していた車両を展示、さらには動態に復帰させて運行している施設や団体もある。現在でも「生きた軽便鉄道」の雰囲気に触れることができるおすすめの施設をいくつか紹介しよう。

◎成田ゆめ牧場／酒井工作所製ディーゼル機関車ほか

千葉県の「成田ゆめ牧場」では園内に約500メートルの周回線路を敷設、「トロッコ列車」として運行している。軌間は610ミリ。この場所は軽便鉄道の保存活動を行う「羅須地人鉄道協会」の活動拠点ともなっており、蒸気機関車やディーゼル機関車、客車、貨車など多数の車両が集められている。これらの車両はGWなど年に数回特別運行されることもある。

◎赤沢森林鉄道／酒井工作所製ディーゼル機関車ほか

長野県上松町の「赤沢自然休養林」内に「森林鉄道記念館」があり、木曽森林鉄道などで活躍した数多くの車両を保存、一部は動態となり併設された「赤沢森林鉄道」で運転されている。この線路は実際に森林鉄道として使われてきたものを復元整備したもので、軌間は762ミリ。その雰囲気はまさに〝本物〟。往復2キロ以上となる乗車体験は往年の森林鉄道をよみがえらせてくれる。

なお、木曽森林鉄道の車両は隣接する王滝村の「松原スポーツ公園」でも保存団体「りんてつ倶楽部」による動態保存が行われている。公園では「林鉄バイク」として軌道自転車の乗車体験も行っている。

「成田ゆめ牧場」で運転される「トロッコ列車」。この日は羅須地人鉄道協会所有の6号機による特別運転

◎丸瀬布森林公園いこいの森／雨宮21号ほか

北海道の遠軽町にある「丸瀬布森林公園いこいの森」。ここにかつて森林鉄道で活躍、北海道遺産にも指定されている蒸気機関車（雨宮21号）が動態保存されている。この機関車は軽便鉄道向けの車両を数多く手がけた雨宮製作所で作られたもので、軌間は762ミリ。当地にあった武利意（むりい）森林鉄道で昭和38（1963）年まで運行されていた。

「赤沢自然休養林」にある「赤沢森林鉄道」

「いしかわ子ども交流センター小松館」の尾小屋鉄道キハ1

昭和59（1984）年に動態復帰、現在は夏季を中心に木曽森林鉄道や井笠鉄道（岡山県）などの車両を牽いて運行されている。森の中を走る姿はかつての森林鉄道の情景をほうふつさせる。

◎いしかわ子ども交流センター小松館／尾小屋鉄道キハ1ほか

石川県の「いしかわ子ども交流センター小松館」では、県内小松市で運行されていた尾小屋鉄道（軌間762ミリ）の車両（キハ1・DC121・ホハフ3・ホハフ8）を動態保存、週末を中心に交流センターのある粟津公園内に敷設された約500メートルの線路を往復している。車両はおもに気動車キハ1が使用されている。

このほか、頸城鉄道の車両や施設を動態保存する新潟県上越市の「くびき野レールパーク」、森林鉄道の車両を動態保存する高知県馬路村の「魚梁瀬《やなせ》森林鉄道」、山形県真室川町の「真室川森林鉄道」なども訪ねてみたい。

第2章

軽便鉄道の魅力

「軽便鉄道」ってなんだろう？

本書のテーマとする「軽便鉄道」とは、どのような鉄道なのだろうか？

言葉からして「簡易な規格の鉄道」とはイメージできるが、現在では一般に使われることはまれで、『ブリタニカ国際大百科辞典』紙媒体最終版や小学館の『日本大百科全書』にも「軽便鉄道」の項目は見つからない（それ以前に発行された百科事典では掲載例がある）。ちなみに鉄道80周年の記念事業として日本国有鉄道が編纂、1958（昭和33）年に発行された『鉄道辞典』の上巻には「けいべんきじょう　軽便軌条」「けいべんてつどうほう　軽便鉄道法」の解説はあるが、そもそもの「軽便鉄道」についての項目はない。

この「軽便鉄道法」とは1910（明治43）年に制定・施行された法律で、軽便鉄道を敷設する際に必要な手続きや運営や営業の扱いなどを規定したものだ。残念ながらここにも軽便鉄道の定義は記されていない（「軽便鉄道法」については110ページなど参照）。この法律に関連して「軽便鉄道法施行規則」「軽便鉄道営業規程」「軽便鉄道会計準則」「軽便鉄道台帳規程」「軽便鉄道統計規程」なども定められているが、やはりここにも軽便鉄道の定義はない。

ただし、「軽便鉄道」そのものは法律が制定される以前から存在しており、国の発行する『官報』では明治20年代前半からしばしばこの言葉が見受けられる。

当初は「外報」の欄に海外の鉄道事情として、暹羅（シャム。現在のタイ）、伊太利（イタリア）、北米合衆国（アメリカ）、加奈陀（カナダ）、英吉利（イギリス）、印度（インド）、欧羅巴（ヨーロッパ）、露西亜（ロシア）などの国名や地域名が並んでおり、ここに「軽便鉄道」も紹介されている。

なお、明治晩年に発行された『明治運輸史』によると、各国での呼び名はイギリスが「軽便鉄道」だったが、ドイツは「小鉄道」、オーストリアは「地方鉄道」、フランスは「地方内部鉄道」、イタリアは「産業鉄道」などと訳されており、イメージや実態は国によって微妙に異なっていたようだ。

『官報』に戻ってインドの鉄道記事を拾っていくと「スタンダードゲージ」「メートルゲージ」「スペシアルゲージ」の軌間別線路延長なども紹介され、かなり詳しい情報が何度も紹介されている。

さらに「軽便鉄道」の例として、ダージリン・ヒマラヤ間の鉄道には百七十五万ルーピー（１８９３年時点）を投じたこと、シリグリ停車場からダージリン市まで十五哩（約24キロ）、ここで標高三百呎（約91メートル）から七千呎（約２１３３メートル）の高山まで登ること、軌間は二呎（６１０ミリ）といったことも紹介されている。１９９９年に世界遺産に登録され、近年では「トイ・トレイン」としても有

明治時代の『官報』にも詳細が紹介されていたインドの「ダージリン・ヒマラヤ鉄道」（撮影：下島啓亨）

名なダージリン・ヒマラヤ鉄道のことである。

まさしく筆者のイメージする「軽便鉄道」である。

一方、国内の「軽便鉄道」の事例としては１８９０（明治23）年の琵琶湖疎水工事の際、工費として「軽便鉄道」が計上されている旨の記載が最初で、その後は明治30年代後半まで佐世保鎮守府、横須賀鎮守府、工兵方面本署、東京砲兵工廠などによる購買入札広告に「軽便鉄道」あるいは「軽便鉄道用の資材」の募集が出てくるぐらいだ。

これらの文面から推察していくと、海外では「軽便鉄道」として一般の鉄道より簡易な規格で鉄道敷設を進めていることが紹介されている。一方、国内では工事用、工場用、港湾施設用、あるいは軍用として使われていたようだ。『官報』に情報を掲載することで、日本では一般の鉄道としてほとんど活用されていなかった「軽便鉄道」を広く認知させたいという啓蒙活動だったようにも見受けられる。

ちなみに工事用などとして活用が始まっていた「軽便鉄道」については『鉄道辞典』の「軽便軌条」の説明がしっくりくる。

「土工・トンネルずり出しのトロ線用レール。国鉄では22kg以下のものを指すが、工事用には15kg以下のものをいう。わが国では6、9、10、12、15kgの種類を製作し、軌間は18、24、30、36 inch（４５７ミリ、６１０ミリ、７６２ミリ、９１４ミリ）とあるが、普通トンネルでは24、30 inchを用いる」と解説されている。『鉄道辞典』で「トロ線」の説明は特にないが、「トロッコ用線路」くらいの意味だろうか。琵琶湖疎水工事に使われたのも、この「軽便軌条」だったのである。

こうした資料を探っていっても、「軽便鉄道」の定義には触れることができなかった。

鉄道史や郷土史の研究者、あるいは鉄道や鉄道模型の愛好者などには知られていても、それは漠然としたイメージの元に成り立っているとしか言えない。さらに立場が異なれば、そのイメージも変わる。結局、いくつかの特徴あるいは条件で「軽便鉄道」の全体像を想像することになる。

❶「軽便鉄道法」によって敷設された鉄道

確かに「軽便鉄道」には違いないが、実はこの法律には

北上川を渡る「岩手軽便鉄道」の列車。開業直前の試運転風景(1913／大正2年)とされるが、貨車と客車を連結した混合列車となっている(所蔵:花巻市博物館)

軌間の規定がなかった。実際、「軽便鉄道法」によって設立し、新幹線と同じ1435ミリや国鉄／JR在来線と同じ1067ミリで敷設された「軽便鉄道」もあり、イメージとしての「軽便鉄道」を求めると、法律準拠がすべてではないといえる。

❷軌間の狭い鉄道（ナローゲージ鉄道）

「軽便鉄道法」では軌間（レールの頭部内側の間隔）の定めはなかったが、法律の趣旨としては建設・運転・営業などの規定を簡易なものに緩和し、より容易く全国に鉄道を普及させようとしたものだった。簡易な規格、すなわち軌間を狭くするわけではないが、軌間は鉄道の大きさを決定する最大の要素だ。そのため、「軽便鉄道」では日本の標準軌間（1067ミリ）より狭い軌間（狭軌または特殊狭軌）を採用し、リーズナブルな建設と運営をめざしたものが多い。これが多くの人がイメージする「軽便鉄道」に当てはまるだろう。

ただし、「軽便鉄道の軌間」についてはその国の標準的な軌間に対する比較のため、国際標準軌（1435ミリ）を使っている国からすれば日本の在来線（１０６７ミリ）も「軽便鉄道」ということになる。実際、１０６７ミリを「軽便鉄道」としている国も多い。

なお、狭軌を英語で示せばナローゲージ（narrow gauge）となることから、「ナローゲージ鉄道」あるいは「ナロー鉄道」といった呼び方もされる。特に「軽便鉄道」という言葉が一般的でなくなった今、現行の三岐鉄道北勢線や四日市あすなろう鉄道（共に７６２ミリ）では自ら「ナローゲージ」として紹介している。特に後者では、社名に織り込んだ「あすなろう」の言葉に「明日に向かう未来への希望」、そして「ナローゲージ」であることを託している。

❸ 森林鉄道や殖民鉄道などの鉄道

国鉄／ＪＲや私鉄（民鉄）などは、鉄道管轄官庁（鉄道省、運輸省、国土交通省など）による管理を受ける鉄道だ。前項で規定した「軽便鉄道」も同様に管理されている。

しかし、日本には鉄道管轄官庁の管理を受けない鉄道もある。

例えば、明治末期から日本各地の森林開発にも鉄道が活用されてきた。一般にはこの鉄道を「森林鉄道」と呼んでいるが、地形的な制約のために急曲線や急勾配を多用し、さらに建設費や維持費も抑制できることから、ここでは主に７６２ミリの狭軌が採用されてきた。

また、北海道では開拓地の便をはかるために同庁による「殖民軌道」（のち「簡易軌道」）が道北や道東を中心に敷設された。ここでは７６２ミリの狭軌が採用されている。

同様に「鉱山鉄道」「炭鉱鉄道」「工場専用鉄道」「港湾専用鉄道」などの産業用鉄道でも、さまざまな狭軌が活用されてきた。

こうした鉄道でも軌間や運行状況などに軽便鉄道的な趣が感じられることから、愛好者たちの間ではやはりこれも「軽便鉄道」の仲間ととらえて楽しんでいる。

❹ 土木工事などの簡易的な線路やトロッコ

さらに土木工事などでは簡易的な線路が使われることもあった。工事が終われば使命を終え、線路ははがされ、次の現場に移設される使い方だった。「鉄道」というとちょっと立派過ぎ、レールと枕木を組み合わせただけの簡易的な

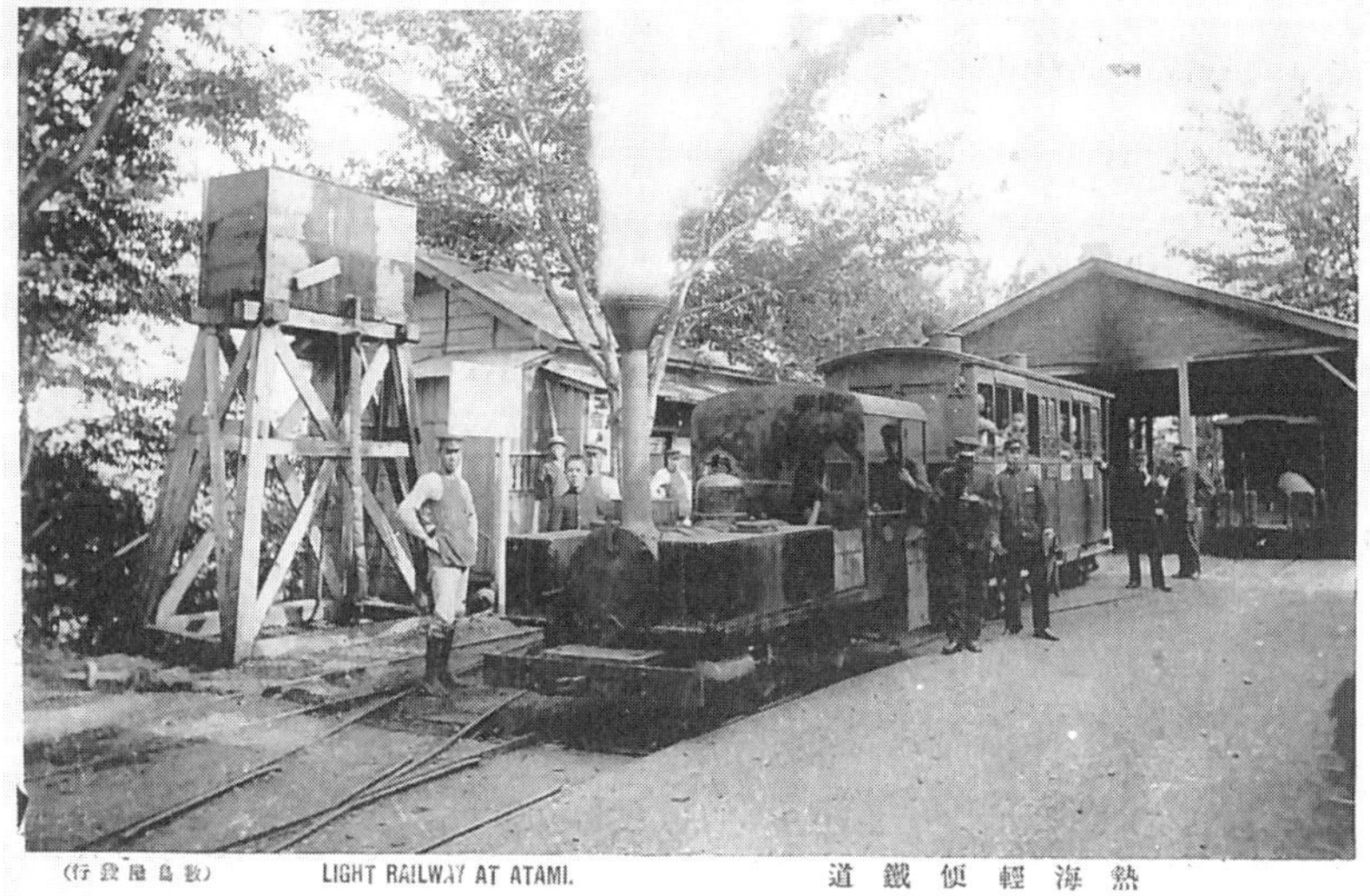

芥川龍之介の作品『トロッコ』のモチーフとなった「熱海鉄道」（所蔵：静岡県立中央図書館）

線路というものだ。『鉄道辞典』の「トロ線」とはこのような線路のことだろう。ただし、丹那トンネルや清水トンネルの工事では、かなり本格的な線路が敷設され、一般の「軽便鉄道」に近い運行が行われている。

また、土木工事用に近いが、炭鉱の坑道などではもう少し立派な線路が敷設され、ある程度恒常的に使われるものも多かった。ここでは主に「トロッコ」が活用された。「トロッコ」とは貨車の一種で、簡素なものでは板や箱に車輪を付けた程度の構造だ。

芥川龍之介のその名も『トロッコ』という短編では、小田原～熱海間の軽便鉄道建設工事に使われているトロッコがモチーフとなり、手押しで土を運搬したり、あるいは人が乗って坂を下ったりしながら運用される様子が描かれている。これは豆相人車鉄道を熱海鉄道に転換する工事の話で、軌間は６１０ミリか７６２ミリだったと思われる。

また、「トロッコ」は重量物を運ぶのに便利なため、醸造所などで使われることもあった。これは恒常的な施設として酒蔵と店頭をつなぐ線路が敷かれ、トロッコで原料や製品を運ぶのだ。

いずれも「軽便鉄道」に通じる楽しさがあり、趣味として考えるならこれも仲間に加えたい。

日本帝国陸軍の鉄道連隊による軽便鉄道敷設作業（所蔵：船橋市郷土資料館）

なお、トロッコそのものは軌間に関係なく活用され、現在の鉄道でも保線作業などに活用されている例が多い。

さらに「トロッコ列車」としてトロッコ風の楽しさを演出した観光列車もある。例えば黒部峡谷鉄道では自ら「トロッコ電車」とうたっている。ただし、現在JRなどで運行されている大半の「トロッコ列車」はアドベンチャーな楽しみはあるが、軌間からして「軽便鉄道」とはいいがたい。

なお、軍事目的で使用するために敷設されたものもある。これは戦場に限らず、線路敷設の訓練、あるいは基地での物資輸送として国内につくられた例も多い。軌間は現地の状況などによって使い分けられたが、762ミリや600ミリといったナローゲージの活用例もあった。

結局、鉄道史や郷土史の研究者からすれば❶および❷、あるいは❸ぐらいまでが「軽便鉄道」となるが、愛好者の視点で見ると❶～❹がすべて「軽便鉄道」といえるだろう。

趣味の中での「軽便鉄道」とは、「軌間の狭い線路」（ナローゲージ）が最低条件で、それさえ当てはまれば何でもありといった鷹揚な楽しみなのである。

四国初の鉄道として1888（明治21）年に開業した「伊予鉄道」は762㎜軌間を採用、日本初の「軽便鉄道」といえるような存在だ。写真は1067㎜に改軌後の姿だが、ドイツから輸入された機関車は改軌改造を施してそのまま活用された（所蔵:株式会社伊予鉄グループ）

そもそも「軽便」とは？

本書のテーマとしている「軽便鉄道」。そもそも鉄道の前に添えられている「軽便」とは何なのだろうか？

今では一般に使われることはまれで、もはや死語に近いかも知れない。『広辞苑』（岩波書店）の最新刊となる2018年発行の第七版を見ると、

けい‐べん【軽便】①手軽で便利なこと。「―剃刀」②身軽ですばやいこと。

と記されている。「手軽で便利」を省略短縮すれば「軽便」となり、わかりやすい説明だ。

また『言泉』（小学館）、『新明解国語辞典』『三省堂国語辞典』（共に三省堂）、『現代新国語辞典』（学研）などにも同様の説明があり、さらに「簡易」「簡便」などのキーワードを添えたものもある。品詞としては形容動詞とされ、名詞の「軽便さ」を追記しているものもある。音からすれば古い感じもするが、漢字で意味も一目瞭然、まだまだ使っていきたい言葉だ。

ちまたでは「けいびん」という読みも聞かれるが、この場合、日本語としては賢さを示す「慧敏」となりそうだ。目くじらを立てる気はないが、本書では「けいべん」としておきたい。

さらに『広辞苑』では「軽便」の用例に、

――てつどう【軽便鉄道】一般の鉄道より簡便な規格で建設された鉄道。

ともある。

先述の各辞典でも「軽便鉄道」について用例追記されており、『新明解国語辞典』では「幅の狭い軌道上に小型の機関車・車両を走らせる鉄道」、『現代新国語辞典』では「規模の小さい鉄道。軌道は幅がせまく、車両は小型」としており、筆者のイメージに近い。

明治時代には「軽便消火器」という商品も登場した（『工業雑誌』1894年発行第61号より　所蔵：国立国会図書館）

『言泉』では「軌道の幅がせまく、小型の機関車や車両を使う鉄道の俗称」とあるが、「俗称」が気になる。俗称では正式に認知されていない感じだ。また、『三省堂国語辞典』では「小型の機関車・車両を使う鉄道。軽鉄」とあり、「軽鉄」も気になる。鉄道愛好家のなかで使う人もあるが、一般には軽鉄といえば建築部材の軽量鉄骨をイメージし、軽便鉄道の説明としてわざわざ記載するほどのことではない気がする。

鉄道愛好家が編纂したのではないかと思わせるのは『日本語大辞典』（講談社）で、や『日本国語大辞典』（小学館）で、「軽便鉄道」が詳しく紹介されている。例えば後者では、

けい‐べん【軽便】㊀（名）（「軽便鉄道」の略）軌道の幅のせまい、小型の機関車・車両の鉄道。light railway ㊁（形動）①身軽で、すばやいさま。Light ②手軽で便利なさま。handy

とある。名詞から先に説明する編集方針なのかも知れないが、一般的な「軽便」という言葉が死語になりつつある現在、

「軽便鉄道」の略語として先に紹介するのがすごい。そしてさらに「軽便鉄道」は「軽便」の用例ではなく、一本立ちして説明されているのだ。

けいべん-てつどう【軽便鉄道】①軌間が狭小で構造が簡単な鉄道。②私設鉄道普及のため、明治四三年（一九一〇）から大正八年（一九一九）まで鉄道敷設法によらないで建設された鉄道。

とあり、もはや国語辞典ではなく、百科事典に近い説明がなされている。

話が「軽便」から「軽便鉄道」に流れてしまったが、そもそも「軽便」とはいつごろから使われていた言葉なのだろうか。

これは『新訂大言海』『大日本国語辞典』（共に冨山房）に記述があり、そこでは『後漢書』での使用例が掲載されている。今からおよそ１８００年も前の話で、日本では弥生時代となる。

江戸時代の学者あたりでは知識として認識していたかも知れないが、一般に広まるのは明治時代に入ってからだろう。『日本国語大辞典』（小学館）によると１８６９年に発行された『布令必用新撰字引』に「軽便　ケイベン　テガル」と記されており、以後、用例が増えていく。

明治20年代ともなると、ガイドブック系書籍のタイトルに『軽便懐中』『交際近道軽便用文』『軽便西洋料理法指南』『軽便食ぱん製法』『簡易軽便織物独習』『軽便養蚕手続』のように「軽便」の文字が冠され、一種の軽便ブームだったようだ。これで「軽便」すなわち「簡単で便利」といった文字通りのイメージが浸透していったようだ。やがて物品にも「軽便」を冠するようになり、「軽便カミソリ」「軽便消火器」「軽便椅子」などといった商品が誕生していった。

この時代、「軽便」という言葉は社会的地位を得るばかりか、流行語に近いもてはやされようだったと思われる。そして１９１０（明治43）年には「軽便鉄道法」として、法律の名称にまで使われることになったのだ。

軽便鉄道とは関係がないが、鉄道界ではやった軽便のひとつに「軽便枕」があった。座席客車のなかで少しでも快適に仮眠できるようにと開発されたもので、ヘッドレスト

「軽便枕」の広告『日本国有鉄道百年写真史』（交通協力会刊）より

とひじ掛けを一体化したような構造だった。当時は板張りだった座席の背もたれにひっかけて使用するのである。

東京市在住の清水幹衛、幹次両氏によって考案され、1920（大正9）年には鉄道大臣の許可を得て、同年8月15日から上野〜新潟間の普通急行列車1往復の三等客車で試用された。

料金は1回30銭だった。この時代の寝台車は一等と二等だけで、三等車はなかったこと、さらに料金がリーズナブルなこともあって評判は上々。次々とサービス範囲を広げ、1923（大正12）年には主要幹線の主な夜行列車の三等車に普及している。

その後、営業上のトラブルがあって民間での営業は取り消しとなり、1929（昭和4）年から鉄道省直営として営業が再開された。ただし、1931（昭和6）年には三等寝台車が誕生、その拡張もあって1934（昭和9）年3月限りで廃止となった。直営ゆえ、三等寝台と競合するサービスをわざわざ続けるという判断はなかったようだ。

「軽便鉄道」魅力のポイント

魅力のポイント❶井笠鉄道との出会い

筆者が最初に触れた「軽便鉄道」は、岡山県の井笠鉄道だった。１９６７（昭和42）年夏、父の所用に同行して福山まで出向いた折のことである。この鉄道は山陽本線の笠岡駅に発着していた。当時はまだ中学生、山陽本線の車内から「やけに小さな車両がいるなあ」という認識だった。

この「小さな車両」が気になり、実際に井笠鉄道訪問を果たせたのは１９７０（昭和45）年３月だ。山陽本線の電車から降り、ホームを望むとこの日も小さな客車が停まっていた。近づいてみればどれも木造。しかし、きれいに手入れがされておりニス塗りの車内が美しかった。この出会いで井笠鉄道の虜となり、翌年３月の終焉まで通うことになったのである。

乗った列車は荷物扱いもあり、車掌が乗務していた。駅間でのよもやま話が楽しかった

山陽本線の笠岡駅。電車から降りると上りホームの奥に小さな車両が停まっていた

笠岡駅の様子。右側に山陽本線のホームがあり、その上りホームに井笠鉄道の列車が発着していた。さらに左側には国鉄の貨物ホームがあり、線路の幅の違いが判る

車庫のあった鬮場（くじば）駅。気動車をはじめ、客車や貨車がたくさん留置されていた

途中駅での乗降風景。道路に続くかたちで低いホームがあった

笠岡を出発すると屋並みの軒をこするような形で走行する。腕木信号機の柱は丸太だった

車庫の奥には昔使われていた蒸気機関車が大切に保管されていた。数年後には動態に復帰

魅力のポイント❷変わった車両がいっぱい

井笠鉄道との出会いは幸運だった。笠岡駅から1駅先の鬮場《くじば》駅に車庫があり、T区長からいろいろな話を伺いながら自由に見学させてもらった。

木造客車で感激したが、車庫には湘南顔のディーゼルカーや荷台を付けたディーゼルカーもいた。すでに使われなくなっていたが、車庫の奥には蒸気機関車も数両しまわれていた。

デッキ状の荷台は雨ざらしとなるが、車体が小さいので少しでも多くの荷物を載せるための工夫と伺った。

このあたりから「軽便鉄道」ならではの変わった車両に興味がつのっていった。知識の基準となっていた国鉄車両とは、スタイル、大きさどれをとっても別世界。悪く言えば「ゲテモノ」だが、それぞれの車両にはサイズや製造予算など限られた枠組の中で苦労しながら作り上げた個性が色濃く出ていた。この姿が「軽便鉄道」の魅力のひとつでもある。

井笠鉄道の車庫の中で出会った荷物台付きのホジ7。荷物台付きの車両に魅せられた

尾小屋鉄道のキハ1。ふだんは荷物台なしだが、スキーシーズンには荷物台を取り付けて運行されていた

尾小屋鉄道のキハ2。スキーシーズンは荷物台にスキーが積み込まれた

越後交通栃尾線のモハ9。荷物台というより、電気機関車のデッキのような姿。屋根に上るハシゴも付いていた

下津井電鉄のクハ5。荷物台付き気動車から電車化された車両だった

西大寺鉄道のキハ7。洒落た流線形の気動車も荷物台付きだった

糸魚川にあった東洋活性白土の蒸気機関車。なんとも可愛らしい機関車だった

軽便ファン憧れの「コッペル」。頚城鉄道から西武鉄道に貸し出され、東京で軽便蒸機が走った

無骨な加藤製作所製のディーゼル機関車（住友セメント葛生工場）

西武鉄道山口線で活躍していた蓄電池式の電気機関車B11形

太平洋炭鉱の機関車たちはさらにスリムな凸型車体だった

変わったスタイルの代表格「L電」と呼ばれた草軽電気鉄道のデキ13

越後交通栃尾線の電気機関車ED51。スリムな車体でいかにもナローゲージの雰囲気

ナロー車両の極致「馬づら電車」こと花巻電鉄のデハ3（撮影：片岡俊夫）

車体は小ぶりだが、堂々たるデザインの電車もあった（近畿日本鉄道北勢線）

井笠鉄道のホハ12は優美なデザインのデッキが魅力的だった

小型ながら端正なデザインでまとまった客車（越後交通栃尾線ホハ22）

人車と呼びたくなる超小型客車もあった（住友セメント葛生工場）

軽便鉄道の貨車は急カーブに対応すべく、小型車でもボギー構造が多かった（井笠鉄道）

木曽森林鉄道のE型貨車。外吊りの両開き扉という構造だった

魅力のポイント❸凸凹編成の混合列車

筆者が井笠鉄道を訪ねた当時、列車は赤い湘南顔のディーゼルカーが木造客車を1両、そして時としては貨車も連結して運行していた。ディーゼルカーを機関車代わりに使うなんて国鉄では極めてまれな運用であり、実際に見たことはなかった。井笠鉄道ではそれが日常的に行われており、これが「軽便鉄道」では当たり前の運行方式と知るようになった。

さらに井笠鉄道では客車の前後にディーゼルカーを連結する運転があり、これは越後交通栃尾線の電車でも行われていた。結果として大小の車両が混在する凸凹編成となる。

また、客車と貨車を組み合わせた混合列車もあった。途中で貨物扱いをするため、先をめざす乗客には迷惑なこともあり、国鉄では縮小されて辺境のみで行われる珍しい存在となっていた。しかし「軽便鉄道」ではごく当たり前に行われており、これも凸凹編成の魅力に輪をかけていたである。

静岡鉄道駿遠線では気動車が客車を牽いて走っていた（撮影：堤一郎）

越後交通栃尾線ではデッキ付きのモハ209＋貨車＋電車＋客車という混合列車も運転

西大寺鉄道では単端式気動車が客車を牽いていた（撮影：赤木幸茂）

ディーゼル機関車がたった1両の客車を牽いてやってきた（尾小屋鉄道）

木曽森林鉄道の「みやま号」は客車2両＋貨車をディーゼル機関車が牽いていた

「トロッコ電車」として知られる黒部峡谷鉄道の事業用列車は貨車と客車の混合列車だった

魅力のポイント❹線路のたたずまい

「軽便鉄道」の魅力は、線路のたたずまいにもあった。

極力経費をかけずに鉄道を敷設するため、山岳地であってもトンネルや切通しは最小限に抑えるのが基本。つまり線路は等高線に沿ってくねくねと進んでいくのだ。また勾配緩和も敷設費用がかかる。ちょっとした勾配はおかまいなし、小さな列車は果敢に坂を上って行った。

レールも細いものが多く、ひょろひょろの線路が「軽便鉄道」らしさを演出していた。しかし、井笠鉄道では重軌条を使用して最高時速70キロ運転、尾小屋鉄道も保線員が夏草を丁寧に抜き歩いており、整備のいい鉄道も多かった。

今では許されない話だが、線路は人々の通路でもあった。歩行者だけでなく、自転車も通るし、オートバイに遭遇したこともある。列車が来るとわきに避け、何事もなくやり過ごしていた。「軽便鉄道」の運転士は大変だったに違いない。

「軽便鉄道」で多用された線路は道路との併用軌道だった。道路わきに敷設されたものもあれば、路面電車のように堂々と道路の中央を走っていたものもある。これも「軽便鉄道」らしい線路と思ったが、自動車の交通量が増えてくると邪魔者扱い。こうした線路は消えていった。写真はタイ国有鉄道メークローン線（軌間1000㎜）の併用軌道。かつては日本でもこんな情景が見られたのである

線路は生活に欠かせない通路

もちろん人も歩いてゆく（井笠鉄道）

オートバイもやってきた（下津井電鉄）

自転車がやってきた（下津井電鉄）

地形に逆らわないSカーブ

黒部峡谷鉄道

住友セメント葛生工場

尾小屋鉄道

ひょろひょろの線路

足尾銅山

勾配区間もいとわない

谷を抜けるU字勾配もあった（尾小屋鉄道）

33‰の急勾配（三岐鉄道北勢線）

魅力のポイント❺鉄道のある情景

「軽便鉄道」の駅や線路などの施設は、コンパクトにまとまっているだけでなく周辺との境界もずいぶん低かった気がする。例えば、駅や車庫は庭先の延長でそのまま地域に溶け込むような感じだった。子守りのおばあさんが駅で汽車を見せて遊んでいたり、学校帰りの子どもが車庫で車両の修繕を眺めていたりすることもあった。ホームがそのまま道路に続いている駅も多かった。

笠岡の街中で見かけた井笠鉄道の踏切は、踏切小屋がそのまま民家となっていた。通常は奥さんが手動の遮断機を下げ、旗を振っていたが、買い物に出かける時はステテコ姿のご主人が踏切番をしていた。写真を撮らせてもらううち、お茶もごちそうになったが、列車の時刻になると業務再開。にこやかな朝子さんの顔つきが凛々しくなった。鉄道廃止日までずっと和装だったのも、今となっては時代を感じさせる。

自宅の片隅がそのまま踏切小屋だった（井笠鉄道笠岡駅付近にて）

おばあちゃんと電車を見に来た（下津井電鉄下津井駅にて）

山間を走る蒸気機関車牽引の混合列車（尾小屋鉄道倉谷口〜長原間にて）

国道を横切る軽便列車（東洋活性白土専用線）

列車の行き違い（尾小屋鉄道西大野駅にて）

山間のこぢんまりとした構内が魅力的だった（尾小屋鉄道尾小屋駅）

木造の車庫（井笠鉄道鬮場にて）

魅力のポイント❻生活の中にあった鉄道

今、改めて自分が触れた「軽便鉄道」の情景を思い浮かべると、小さな車両や急カーブを描く線路もさることながら、鉄道で働いていた人々、鉄道を利用していた人々、そして鉄道を我がもののように愛していた人々の顔が浮かんでくる。すべての鉄道がそうだったかは判りようもないが、少なくとも自分が実際に触れることのできた「軽便鉄道」には、そうした人々の姿があり、それによって時が流れていた。

生活の中にあった極めて身近な存在。それが筆者の触れてきた「軽便鉄道」の姿だ。それこそが筆者にとっての「軽便鉄道」の魅力ともなったのである。

ごくわずかとなったものの、今でも現役で活躍している「軽便鉄道」がある。そうした鉄道に触れる際、最新の車両や線路にも目が行くが、その存在が人々にどのように愛されているのか、ついそんな姿を追い求めてしまうのだ。

線路の保守は重要な仕事（住友セメント葛生工場にて）

犬も汽車を見に来た（尾小屋鉄道尾小屋駅にて）

運転前の機関車点検（尾小屋鉄道尾小屋駅にて）

列車で郵便輸送も担っていた（尾小屋鉄道金野町駅にて）

昼下がりののんびりした車内（尾小屋鉄道にて）

朝の通学列車（尾小屋鉄道金平駅にて）

今日は子どもだけでおでかけ（井笠鉄道にて）

只今、給水作業中（東洋活性白土にて）

いつも優しく出迎えてくれたT区長（井笠鉄道にて）

列車の通過待ち（住友セメント葛生工場にて）

遊びに行こうよ（住友セメント葛生工場にて）

人が機関車代わりの「人車軌道」

「軽便鉄道」といえば、小さな機関車が客車や貨車をひく、あるいは気動車や電車が1～2両で走るイメージだが、なんとこうした機械動力を使わずに人間が客車や貨車を押して運行していたものもあった。人が動力となることから「人車軌道」あるいは「人車鉄道」とも呼ばれ、それを社名に冠した鉄道もあった。

正式に登記された最初の事例としては、神奈川県の「豆相人車鉄道」（610ミリ軌間）だった。温泉地の熱海に向かう交通機関としてつくられたのである。

企画したのは明治の鉄道資本家として知られる雨宮敬次郎だった。雨宮はJR中央線の前身となる甲武鉄道をはじめ、川越鉄道（現・西武国分寺線）、大師電気鉄道（現・京急大師線）など多くの鉄道事業に参画している。明治晩年から「軽便鉄道」にも大きく関わっていくが、それもこの豆相人車鉄道の経験を活かしたものだった。

雨宮は結核を患い、医者のすすめもあり療養として熱海に出向いた。30代半ば、1888（明治21）年ごろのことで、東海道線は建設中だったが国府津までは開業していた。雨宮は国府津から人力車によって熱海に向かったが、小田原～熱海間は山が海に迫り、急峻な崖が続いている。その道中は相当難儀したようで、雨宮は吐血まで起こしてしまった。この経験から鉄道建設の構想を立てたのだ。ただし、なぜ人車を選択したかは不明で、おそらく建設費を抑えるために道路上の軌道とし、高額な機関車の導入も見送った

小田原～熱海間を結んだ「豆相人車鉄道」（610㎜軌間）。のちに762㎜に改軌して蒸気化、社名も「熱海鉄道」としている（所蔵：静岡県立中央図書館）

のではなかろうか。

構想から数年後、軌道敷設の特許も得て1894（明治27）年に豆相人車鉄道を設立、翌1895（明治28）年7月に真鶴に近い吉浜～熱海間で運行を開始した。それから1年後には小田原～吉浜間の線路も完成、小田原～熱海間を全通している。なお、国府津～小田原間は1888（明治21）年から小田原馬車鉄道（1372ミリ軌間）が運行しており、豆相人車鉄道はそれに接続するスタイルだった。

小田原～熱海間の営業距離は15マイル66チェーン（約25・5キロ）で、それまで駕籠や人力車で約6時間かかっていたが、豆相人車鉄道では約4時間と短縮している。客車は8人乗りの小さなもので、これを2～3人の車夫（車丁とも呼ばれた）が押し、下り坂になれば車夫が客車の縁に飛び乗った。1両当たりの輸送量が少ないため、運行は数両による続行運転となった。

建設費は抑えられたが、極端な集約産業で車夫の人件費が経営を圧迫したそうだ。雨宮敬次郎の『過去六十年事蹟』によると「八人チャンと乗って呉れゝば宜いが（中略）一人でも二人でも矢張り押して行かねばならぬ」とあり、1

1909（明治42）年に開業した千葉県営の人車軌道。のちに610㎜軌間のまま「夷隅軌道」となり、内燃化（『写真集明治大正昭和茂原　ふるさとの想い出』（国書刊行会刊）より　所蔵：国立国会図書館

人力で運行していた鉄道（人車軌道＆人車鉄道）

鉄道名	都道府県	軌間	開業	廃止	備考
江別村	北海道	1067	1905	1945	
和賀軽便軌道	岩手県	762	1907	1922	1913年に馬力化
中西徳五郎	秋田県	610	1922	1940	
赤湯人車軌道	山形県	610	1919	1926	
松山人車軌道	宮城県	610	1922	1930	
笠間人車軌道	茨城県	610	1915	1930	1925年に内燃化
樺穂興業	茨城県	610	1923	1945	
宇都宮軌道運輸	栃木県	610	1897	1952	1928年に内燃化するも人力併用、1934年から人力化
野州人車鉄道石材	栃木県	610	1899	1952	
乙女人車鉄道	栃木県	610	1899	1917	
鍋山人車鉄道	栃木県	606	1900	1960	1941年に内燃化
岩舟人車鉄道	栃木県	635	1900	1916	
喜連川人車鉄道	栃木県	610	1902	1918	
那須人車軌道	栃木県	762	1908	1934	1918年に馬力化
里見軌道	群馬県	1067	1931	1932	
野田人車鉄道	千葉県	762	1900	1926	
東葛人車鉄道	千葉県	610	1909	1918	
千葉県（のち夷隅軌道）	千葉県	610	1912	1927	1924年に内燃化
帝釈人車軌道	東京都	610	1899	1912	1912年に改軌・電化
豆相人車鉄道	神奈川県	610	1895	1924	1907年に改軌・蒸気化
島田軌道	静岡県	606	1898	1959	
中泉軌道	静岡県	762	1909	1932	
富士軌道	静岡県	610	1909	1939	当初から馬力併用
本郷軌道	福井県	660	1914	1954	当初から馬力併用、1947～1949年には蓄電池機関車併用

＊社名に「鉄道」を冠したものもあるが、すべて「軌道」

日100円の売り上げがあっても人件費が85円もかかり、利益が上がらなかったとしている。

これにより雨宮は機関車導入を決断、アメリカ製など何両かを試用した結果、1907（明治40）年に762ミリに改軌したうえで蒸気機関車導入をはかった。これによって所要時間も約3時間と短縮できた。この経験が、雨宮に「軽便鉄道」の可能性を実感させたのである。

ともあれ、豆相人車鉄道の開業は「人力による鉄道」の新たな可能性を示した。

1897（明治30）年には「宇都宮軌道運輸」として特産の大谷石を運ぶ人車軌道（610ミリ）が開業した。のちに「野州人車鉄道石材」を合併して「宇都宮石材軌道」と社名を改め、客車も導入して旅客輸送も行っている。また、線路の総延長は最大29・87キロにもおよび、人車軌道では日本一の規模となっている。

1899（明治32）年には柴又～金町間を結ぶ「帝釈人車軌道」（610ミリ）も開業した。社名からも想像できるように柴又帝釈天への参拝客を運ぶもので、距離は1・2キロと短かった。

「帝釈人車軌道」は東京都に開設された唯一の人車軌道だった。京成電気軌道に買収されて改軌、京成金町線の一部となっている（『京成電鉄五十年史』（京成電鉄株式会社刊）より　所蔵：国立国会図書館）

変わったところでは「千葉県」によってつくられた人車軌道もあり、1909（明治42）年に開業している。これは房総鉄道（現・JR外房線）の茂原駅前から長南町台向までの約9キロを結ぶもの（地元では茂原庁南間人車軌道とも呼ばれる）で、軌道の建設・維持費は県の道路改修計画の一環として土木費から支出された。実際の運営は県直営ではなく、地元の組合に委託されている。のち民間に払い下げられ、最後は「夷隅軌道」となった。1924（大正13）年に内燃化されたものの3年後に廃止されてしまった。

現在、この人車軌道で使われた客車は「茂原市郷土資料館」に保存されている。車輪を含む下部が欠損しているが、木製車体は補修されてはいるもののオリジナルに近く、極めて貴重な史料だ。

こうして明治晩年に向かって「人車軌道」は各地で次々と建設され、正式に登記されたものは24社を数えた。鉄道としての登記は「私設鉄道法」によらねばならない時代で、すべて「軌道条例」（「軌道法」制定後はその管轄）による「軌道」となっている。

また、人力で押すため、車両は客車・貨車とも小型だった。これにより軌間も狭いものが採用され、北海道の「江別村」および群馬県の「里見軌道」で1067ミリを使っているが、大半が610ミリとなっている。

営業距離は宇都宮石材軌道が30キロ近くあり、それに豆相人車鉄道が続いているが、多くは数キロで、1キロに満たないものもあった。ちなみに『帝国統計年鑑』によると1912（大正元）年の人車軌道総延長は91キロでピーク

最盛期は30㎞に近い路線で運営された「宇都宮石材軌道」。右側の線路には大谷石を積んだトロッコが並んでいるが、左奥には乗客用の客車も見える（『工業雑誌』第437号より　所蔵：国立国会図書館）

となり、１９２２（大正11）年には85キロ、１９３０（昭和5）年にはわずか12キロとなっている。さらに客車の営業は１９３３（昭和８）年次の統計を最後に乗客人員・運賃とも全廃となってしまった。

これは廃止されたものもあるが、馬力、内燃、蒸気などによって動力化され、人車軌道から外れたものもある。ちなみに帝釈人車軌道の場合、１９１２（明治45）年４月に京成電気軌道に譲渡され、１３７２ミリに改軌の上、電化され、電車による運行となった。現在の京成金町線の一部となる路線である。

最後の人車軌道として 1959（昭和 34）年まで使用された「島田軌道」（所蔵：島田市博物館）

人車軌道で興味深いのは、設置されたのは栃木県の７社をはじめ北海道・岩手県・秋田県・宮城県・山形県・茨城県・群馬県・千葉県・東京都・神奈川県・静岡県・福井県と東日本に偏り、西日本にはまったく存在しなかったことだ。この違いを当時の人件費から推定する資料もあるが、安易には納得しにくい。

人車軌道は大半が戦前に消えてしまったが、戦後まで残ったものもあり、最後は静岡県の「島田軌道」（６０６ミリ）だった。東海道本線の島田駅前と大井川左岸の向谷を結ぶ３・１キロの軌道で、これは大井川の上流部で得られる森林資源を川で運び、水揚げして木材を運ぶものだった。

この島田軌道は国鉄が１９５８（昭和33）年に発行した『鉄道辞典』にも「現在軌道法の適用を受ける唯一の人車軌道」として紹介されているが、翌年９月30日付で廃止されてしまった。

馬や牛、そして犬も機関車代わり

トテー　トテー
トテ　トテ　トテー
と、馭者《ぎょしゃ》は馭者台で、しきりに喇叭《らっぱ》を吹き鳴らしました。
かつ、かつ、かつ、かつ…
と、馬は元気よく駆け、馬車は二本の細い線路の上を、がた、がた、がた、がた…
と、きしみながら、どこまでもまっすぐに走って行くのでした。

これは児童文学作家・小出正吾の「春の鉄道馬車」という童話の書き出しだ。

読み進んでいくと、明治時代に大月から籠坂峠を越えて御殿場に向かっていた富士馬車鉄道、都留馬車鉄道、御殿場馬車軌道のことと判る。

１８９８（明治31）年、まず御殿場から籠坂峠に向かう御殿場馬車軌道（軌間７６２ミリ）が開業した。御殿場馬車軌道が籠坂峠まで全通する直前、１９００（明治33）年には都留馬車鉄道（同７６２ミリ）、が籠坂峠〜下吉田間で開業する。両鉄道は延伸を重ね、さらに富士馬車鉄道（同６１０ミリ。のち７６２ミリに改軌）も開業して１９０３（明治36）年には大月〜御殿場間のルートが完成した。

この作品は１９４１（昭和16）年に発表されているが、文中には「大正十二年の大震災も来ないずっと前の頃」とある。実際、御殿場馬車軌道は1919（大正8）年に部分廃止、1929（昭和4）年には残った区間も廃止されている。また、富士馬車鉄道と都留馬車鉄道は富士急行の前身となる富士山麓鉄道へと転換し、やはり1929（昭和4）年に現在の富士急行線（軌間1067ミリ、電化）に生まれ変わっている。

筆者の場合、実際に馬に牽かれて走っている馬車鉄道に触れたのは「北海道開拓の村」の復元展示ぐらいしかないが、この作品を読んでいくと馬車鉄道全盛期の姿がありありと浮かんでくる。

例えば本線は単線で、線路は「ひょろひょろ」と表現されている。細いちゃちな線路だったと想像がつく。

途中に行き違うための施設があり、対向列車を待つ間、馬に餌の飼葉をやるのだ。蒸気機関車ならさしずめ石炭と水の補給だが、馬となると与えるものが違う。

この場所で行き違えば簡単だが、時として本線で対向列車と行き当たってしまうこともある。馬同士なので正面衝突の心配はないが、どちらかが行き違い施設まで戻るか、または片方の馬車を線路から外して相手を通すのだ。作

軌間762㎜で開業した札幌石材馬車鉄道。電化時、1067㎜に改軌された（所蔵:札幌市中央図書館）

品に出てくる対向列車は、荷物を積んだ2台の馬車だった。客車を外す方が簡単と判断され、乗客たちも手伝って客車をどけるという騒ぎになった。『鉄道院年報』に記載されている客車の車両数と全体の定員数から計算すると、およそ10～14人乗りの客車と思われる。人手があっても線路から外して、また線路に載せる作業は大変だったことだろう。

馬車鉄道というと、牧歌的なのんびりした鉄道を想像するが、先述の『鉄道院年報』を見ると活発に運行していた鉄道もあったことが判る。左の表では軌間９１４ミリ以下のナローゲージ路線のみを拾っているが、岩手県の釜石鉱山と精錬所を結ぶ「釜石鉱山馬車鉄道」では馬は１２４頭も抱えていた。客車は3両とわずかだが、貨車が１３１両もあり、ひっきりなしに鉱石などを運んでいたに違いない。このほか、「山梨軽便鉄道」や「富士馬車鉄道」でも50頭あまりの馬を抱えており、運行は盛況だったと思われる。

ちなみに１０６７ミリを採用、函館市電の前身となる「函館馬車鉄道」では明治42年度で１６７頭もの馬を抱え、当時最大の馬車鉄道となっていた。

明治期、馬が使役に使われるようになったのは訳がある。

旭川の上川馬車鉄道も軌間762㎜で建設された（所蔵：函館市中央図書館）

明治末期、馬力で運行していた鉄道

鉄道名	都道府県	軌間	客車数	貨車数	馬頭数
岩内馬車鉄道	北海道	762	13	27	14
上川馬車鉄道	北海道	762	15	2	29
札幌石材馬車軌道	北海道	762	—	—	—
釜石鉱山馬車鉄道	岩手県	762	3	131	124
角田馬車鉄道	宮城県	762	12	4	16
古川馬車鉄道	宮城県	737	12	11	17
小名浜馬車鉄道	福島県	762	4	10	4
三春馬車鉄道	福島県	762	9	20	25
磐城炭礦	福島県	762	8	30	32
赤井軌道	福島県	762	2	100	13
勿来軌道	福島県	762	3	30	11
前橋馬車鉄道	群馬県	762	21	24	77
高崎水力電気	群馬県	576	20	10	51
緑野馬車鉄道	群馬県	762	7	—	19
行田馬車鉄道	埼玉県	762	5	2	12
入間馬車鉄道	埼玉県	762	6	9	21
中武馬車鉄道	埼玉県	762	10	10	13
湘南馬車鉄道	神奈川県	762	8	30	29
山梨軽便鉄道	山梨県	660	31	3	52
富士馬車鉄道	山梨県	610	21	6	50
都留馬車鉄道	山梨県	762	17	29	22
御殿場馬車軌道	静岡県	762	13	21	10
富士軌道	静岡県	610	2	30	統計なし
城東馬車鉄道	静岡県	660	8	8	12
秋葉馬車鉄道	静岡県	762	11	12	17
金石馬車鉄道	石川県	762	13	6	13
山中馬車鉄道	石川県	914	10	2	12
松金馬車鉄道	石川県	914	14	—	20
大宰府軌道	福岡県	914	9	2	11
南筑軌道	福岡県	914	12	5	15
小倉軌道	福岡県	914	7	—	9
津屋崎軌道	福岡県	914	9	—	14
佐賀馬車鉄道	佐賀県	762	13	6	23
祐徳軌道	佐賀県	914	27	17	27

＊『鉄道院年報 明治 42 年度 軌道之部』より。富士軌道のみ明治 43 年度による。
＊札幌石材馬車軌道は開業後も統計上は「未開業」とされていた。
＊ 576㎜＝ 1 ft 9 in、610㎜＝ 2 ft、660㎜＝ 2 ft 2 in、737㎜＝ 2 ft 5 in、762㎜＝ 2 ft 6 in、914㎜＝ 3 ft

北海道の簡易軌道（写真は久著呂線）では昭和 30 年代まで馬が使われていた（所蔵：標茶町史編さん室）

北海道の簡易軌道（写真は養老牛線）では昭和30年代まで馬が使われていた（所蔵：中標津町史資料室）

江戸時代まで使役に使うのはおもに牛で、馬は使われなかった。幕末の1866（慶応2）年になって幕府の許可が出て、馬車の運用が始まったのだ。時代が明治に入ると乗合馬車も登場し、さらに1882（明治15）年には「東京馬車鉄道」が開業、道路に線路を敷設した馬車鉄道も現れた。道路整備の行き届かなかった時代、馬車鉄道は乗り心地も優れ、輸送効率も上がった。その後、北海道から九州、沖縄まで全国で馬車鉄道が活用されるようになった。

　東京馬車鉄道の場合、軌間は1372ミリ（4フィート6インチ）と広めに設定されている。同社では2頭立てとするため、この軌間を採用したという説もあるが、真意のほどは不明だ。ただし、東京馬車鉄道が先例となったようで、市内を走る馬車鉄道の場合、1067ミリ、1372ミリ、1435ミリが多く、ナローゲージのものは少ない。札幌市電の前身となる「札幌石材馬車鉄道」は762ミリを採用しているが、これは珍しい例で、ナローゲージの馬車鉄道は「山梨軽便鉄道」や「富士馬車鉄道」のような郊外路線が多い。なお、市内を走る馬車鉄道の場合、明治後期から電化が進み、路面電車として進化していった。

ナローゲージで見ていくと、北海道の「殖民軌道」（晩年は簡易軌道と呼ばれた）でも馬が動力として使われた路線があった。ここでも片方の列車を線路から降ろして行き違ったという。馬は馬車から解き放せば自由に動け、後は車両を外すだけ。馬力で運行していた殖民軌道の車両はトロッコのような簡素なものが多く、その作業は比較的容易だったようだ。

また、森林鉄道でも北海道などで馬を使っていたところがある。さらに九州の森林鉄道では牛や犬も使われていたそうだ。犬は土佐犬あたりの大型犬と教えてもらったが、日本でそんな鉄道もあったのかと驚かされる。

森林鉄道の場合、木材を積み込む空車の台車（運材台車）を山に引き上げるのが彼らの仕事となる。台車は木製で比較的軽く、数両の引き上げなら動力車に頼らずともこなせたのだ。そして木材の伐採現場まで上がれば彼らの作業は終了。後は身軽な姿で麓に戻る。

日本初の馬車鉄道として1882（明治15）年に開業した「東京馬車鉄道」（所蔵：国立国会図書館）

木材を積んだ台車は坂を下って麓に降りるため、ブレーキをかけながら1台ずつ自走させることになる。これは「乗り下げ」と呼ばれる方法で、作業者は軽業師のように木材に跨って便乗する。複数の運材台車を連結して運転するのは、輸送量の多いところや平坦な路線だ。

現在の鉄道からは想像もできない、こんな運行方法に頼っていた「軽便鉄道」もあったのである。

山で切り出された木材を運ぶ「森林鉄道」

「森林鉄道」とは、山で切り出された木材を麓《ふもと》の貯木場まで運ぶ専用鉄道だ。

日本では北海道から九州まで山岳地が広がり、その多くが森林資源として活用されてきた。そこで切り出された木材は、江戸時代までもっぱら水運にて運ばれてきたが、明治末期から「森林鉄道」による搬出が始まった。

本格的な森林鉄道としては青森県の津軽半島に農商務省山林局が建設した「津軽森林鉄道」が嚆矢とされている。明治期、津軽半島にはほとんど手つかずのヒバ林が広がっていた。明治末期の日露戦争後、木材需要が増え、この活用が計画された。ただし、津軽半島には木材の輸送に使える河川が少なく、積雪期にソリで運び出す手法だったのである。そこで効率的な搬出のために森林鉄道建設が決まった。

設計や施行は農商務省山林局が行ったが、森林鉄道建設の前例がないため、鉄道院に指導を仰いでいる。1906（明治39）年に着工、1909（明治42）年から運行を開始した。軌間は762ミリとしている。以後、大半の森林鉄道がこの軌間を踏襲している。

当初、一般的なタンク機のほか、アメリカの森林鉄道で広く使われていたシェイ式蒸気機関車も導入された。この機関車はボギー台車を使い、全軸駆動という特殊な構造だ。台車方式のため、急曲線や凹凸のある線路にも強く、さらに全軸駆動によって牽引力も優れていた。残念ながら津軽ではその特長を活かしきれず、国内外から一般的な方式の

日本初の本格的森林鉄道として開業した津軽森林鉄道。写真の機関車はシェイと共に最初に導入されたアメリカのボールドウィン製B1レアータンク機。日本の森林鉄道では使いやすかったようで、木曽森林鉄道など各地に導入されている（所蔵：青森県史デジタルアーカイブス）

小型蒸気機関車を導入して運行した。最初の森林鉄道ということで試行錯誤もあったのだろう。

日本では津軽森林鉄道の成功をきっかけとして全国各地で森林鉄道が建設されるようになった。国有林の場合、本州・四国・九州では農商務省山林局、北海道では内務省北海道庁、さらに皇室財産の御料林では宮内省帝室林野局の管轄となった。都道府県の交有林では県などの自治体、あるいは製紙・製材会社による森林鉄道もある。

また、戦後の１９４７（昭和22）年、林野行政の改変が行われて農林省林野局が発足、さらに2年後には農林省林野庁となった。この間、山林局、北海道庁、帝室林野局と３本立てだった組織は林野庁に統合され、森林鉄道は林野庁の管理となった。

戦前の森林鉄道は、蒸気機関車やその後に導入されたガソリンなどの内燃機関車を使う大掛かりなものは「森林鉄道」、馬や牛、あるいは人力で運ぶものは「森林軌道」と大まかに呼び分けていたが、林野庁の管理となってから統一する規程が定められ、以後は「１級線」「２級線」として管理されるようになった。

昭和20年代の戦後復興期、木材は住宅の建材をはじめ、土木用資材、船舶用材、鉄道線路の枕木、さらには燃料用木炭など大量に消費された。ここで森林鉄道は大活躍することになったが、昭和30年代半ばには沿線の木々が皆伐されてしまい、さらに奥地をめざすことになる。ただし、奥地の場合、地形が険しくなることもあって森林鉄道の建設は大変で、また運行経費も掛かってしまう。結局、林道によるトラック輸送の方が合理的と判断され、森林鉄道は次々と廃止されていったのだ。

全国各地にあった森林鉄道のうち、一般にも広く知られているのは「木曽森林鉄道」だろう。支線では１９７６（昭和51）年まで運行を続け、ＮＨＫの「新日本紀行」でも紹介されたことで有名になった。

木曽谷には「王滝森林鉄道」をはじめ、「小川森林鉄道」「阿寺森林鉄道」「坂下森林鉄道」「小木曽森林鉄道」など多くの森林鉄道があった。「木曽森林鉄道」という名称の森林鉄道はなく、木曽谷にあったこれらの森林鉄道の総称、あるいは最後まで運行を続けた「王滝森林鉄道」を示している。

王滝森林鉄道は中央本線上松駅に隣接する貯木場から出

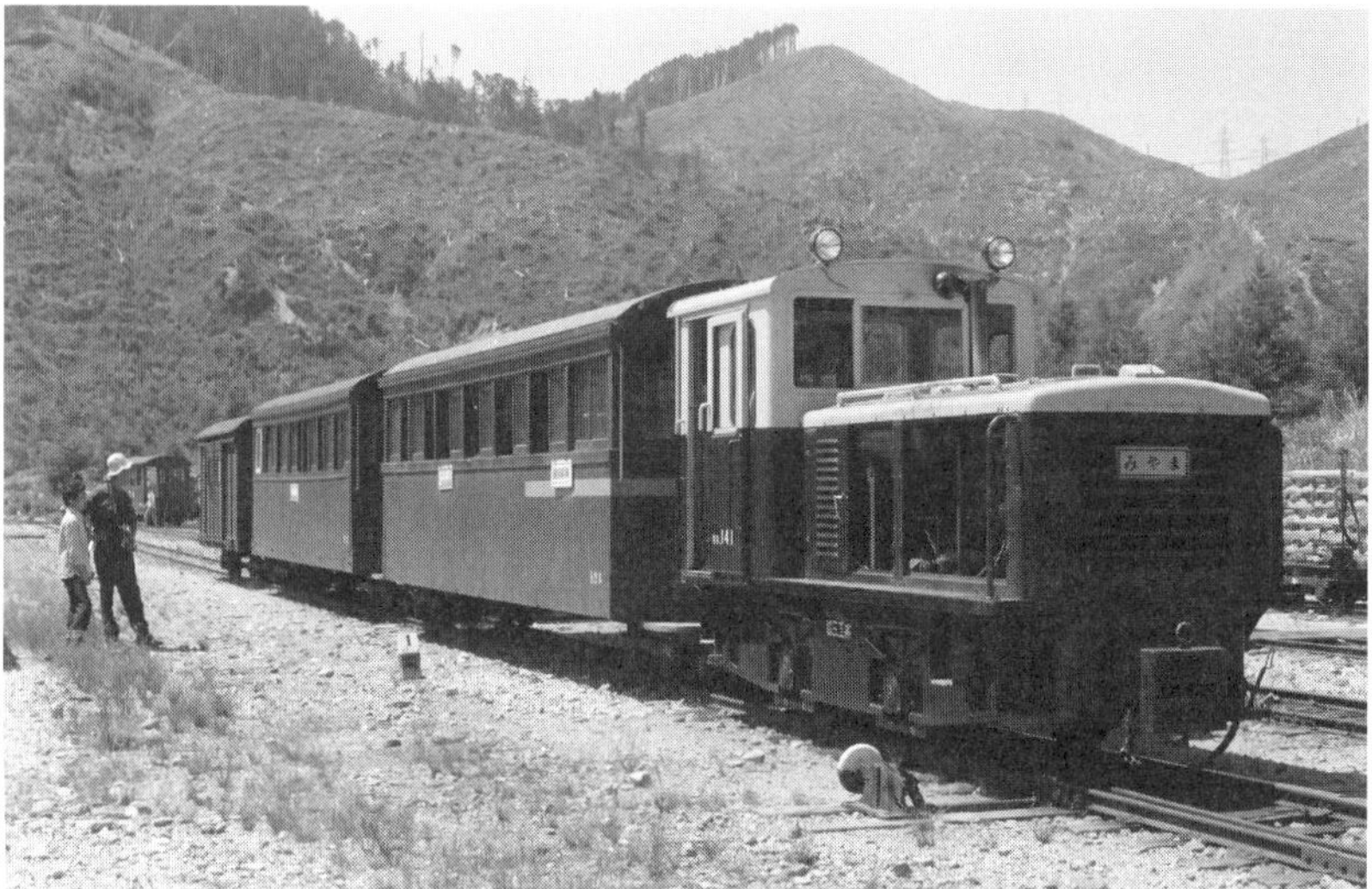

木曽森林鉄道で運行された旅客＆貨物輸送用の「みやま」号　1970年8月　本谷にて

安房森林鉄道の軌道敷きは縄文杉への登山ルートとなっている　2010年5月

屋久島に残る安房森林鉄道。現在、運材作業はないが、資材輸送などに使われている　2010年5月　荒川にて

発、木曽川を渡って鬼淵から北上、その後、王滝川に沿って本谷まで入る本線および数多くの支線からなっていた。ちなみに上松〜鬼淵間は王滝森林鉄道よりも早く開業していた小川森林鉄道の路線となる。小川森林鉄道の本線の終点が現在は自然休養林となっている赤沢だ。

多くの森林鉄道では木材を運ぶだけでなく、沿線の人々の生活路としても活用されていた。王滝森林鉄道では上松〜本谷間に「みやま」という混合列車を運行、山仕事の人々や沿線の人々、さらに余席があれば観光客も便乗させていた。朝8時に上松を出発、昼前に本谷に到着、13時過ぎに折り返して夕方に上松に戻ってくるという1日がかりの旅だったが、車窓からの眺めは素晴らしいもので、今でも脳裏に残っている。

すでに森林鉄道による運材はなくなっているが、屋久島の安房森林鉄道の軌道敷は縄文杉への登山ルートとなっており、時折資材輸送などに使われている。日本に残っている最後の森林鉄道といえるだろう。

北海道開拓の生命線だった「簡易軌道」

かつて北海道には「簡易軌道」（当初は殖民軌道）と呼ばれる鉄道があった。晩年、その運営は町村などの自治体が行っていたことから「○○町営軌道」「○○村営軌道」とも呼ばれ、その名称で有名になった路線も多い。

軌間は762ミリ、本書で紹介する「軽便鉄道」の仲間としてもよい存在だ。ただし、鉄道院～鉄道省～運輸通信省～運輸省～国土交通省が管理する一般の軽便鉄道と異なり、殖民軌道・簡易軌道は内務省～農林省～北海道開発局の所管となり、管理体制も異なっていた。「歌登町営軌道」など一部の路線は全国版の時刻表にも掲載されていたが、こうした管轄の違いもあって全面掲載には至らなかった。その土地に行かねば存在すらわからない、まぼろしのような鉄道だったのである。

殖民軌道／簡易軌道の誕生は北海道の開拓と大きくかかわっている。

北海道では屯田兵などによって明治期から開拓が本格化した。それと共に官設や私設の鉄道も建設されていったが、これはあくまでも基幹のルートであって、人跡未踏の原生林を切り開いた移住地への交通は不便な状況が続いた。特に未舗装の道路は春の雪解けを迎えると泥沼化し、歩行すらままならない状態だったのである。

道路の舗装という手段もあったが、泥炭地などでは砂利をいくら入れても沈んでしまい、当時の土木技術では路面を固めることができなかった。一方、軌道は枕木を並べ

鶴居村営軌道ではバスを改造したレールバスも使用されていた（所蔵：鶴居村教育委員会）

て、レールを取り付ける。この構造によってさほど沈まない。こうしたことから「殖民軌道」として軌道の建設が始まったとされている。

建設が始まったのは1924（大正13）年度のことで、まず国鉄の根室本線厚床駅を起点として中標津に向かう路線が敷設され、同年度内に根室線として48・8キロの使用を開始している。

ちなみに国鉄の根室本線は1921（大正10）年に根室まで全通している。それから間もない話だが、実は1923（大正12）年に起こった関東大震災が関係している。内務省は被災者の救援策として移住を奨励、初年度では450戸が応募し、その半数近くが根釧原野に入植した。その居住地への円滑な物資輸送手段として根室線が建設されたのである。

根室線の運行は馬がトロッコを牽くものだったが、未舗装道路に比べて効果は絶大で、1927（昭和2）年から始まる「北海道第二拓殖計画」では道東や道北を中心に43路線・約805キロにおよぶ殖民軌道を計画し、建設が進められていった。

標茶町営軌道のレールバス。貨車を牽くこともあった（所蔵：渋谷六男）

先鞭を切った根室線では輸送量が増えたため、レールを太いものに強化、ガソリン機関車も導入した。この時、「軌道法」第32条（「国ニ於テ軌道ヲ敷設シテ運輸事業ヲ経営セムトセルトキハ　当該官庁ハ主務大臣ニ協議ヲ為スベシ其工事施行ニ付亦同ジ」。現在は条文削除）の適応を受け、1929（昭和4）年には内務省の出先機関だった北海道庁直営の「根室殖民軌道」となった。

こうした動力化は随所で行われたが、大手車両メーカーの製品は価格的に折り合わず、多くは道内の鉄工所などで製造された車両が使われている。そのため、バスを改造したガソリンカーなど「ゲテモノ」的な車両もあった。また、「北海道第二拓殖計画」は15か年計画だったが、末期は戦時体制となり、予算削減や経費高騰などもあって建設路線は515キロに留まっている。

殖民軌道は1946（昭和21）年から「簡易軌道」と改称されるが、現場ではそれ以前から簡易軌道と呼んでいたようだ。また、1953（昭和28）年度からは簡易軌道の管理が市町村に委託され、「稚内市営軌道」「歌登町営軌道」「浜中町営軌道」「鶴居村営軌道」「別海村営軌道」などの名

浜中町営軌道では生乳輸送も行われていた（撮影：青田豊）

称が登場している。さらにこの時代、国の農業整備事業として新たな路線の建設も行われ、最終的にはのべ600キロを超える路線が建設されている。

戦後、道路整備が進み、簡易軌道は徐々に廃止されていった。そして1970（昭和45）年度で国による「簡易軌道整備事業」が終了、補助金が打ち切られたことで最後まで残っていた浜中町営軌道も1972（昭和47）年で廃止となり、半世紀におよび北海道開拓を支えてきた殖民軌道／簡易軌道は幕を閉じた。

なお、晩年の簡易軌道の旅客輸送では「自走客車」と呼ばれる単端式（片運転台）のレールバスが多用されていた。単端式ゆえ、終点では車両を方向転換しなければならない。これはターンテーブルを使っていたが、降雪時は除雪が必要だ。土地は広いので、デルタ線を使えば楽なのにその事例は少なかった。そもそも単端式ではなく、両運転台とすればこんな苦労もなかったのである。簡易軌道を管理していた関係者の見識が浅かったためと断じる声もあるが、これも魅力ではあった。

軽便の象徴⁉「あさがお型」連結器

編成運転する鉄道車両に欠かせない設備は「連結器」だ。現在、ＪＲや私鉄の電車では「密着連結器」、機関車や客車・貨車では「自動連結器」を基本として使用しているが、ナローゲージの「軽便鉄道」では、通称「あさがお型連結器」が多用され、これが軽便車両のチャームポイントにもなっている。

なんともかわいい名称の連結器だが、先端部に取り付けられた穴の空いた四角または楕円形の受け板が特徴だ。根本側と合わせて漏斗状の形状となり、ここから「あさがお」の名称が生まれたそうだ。鋼材の溶接でつくられたものが多かったが、鋳物でつくったものもあった。正式名としては「中央緩衝連結器」と呼ばれている。

受け板の穴には長円形のリンクを水平に差し込み、受け板の後方にある孔に落とし込みピンを挿入してリンクの抜けを止める。連結時はこのリンクを相手側の穴に差し込み、同様に落とし込みピンを挿入すれば完了だ。鉄道によってはリンクではなく、棒の両端にピン孔をあけた連結棒が使われることもあった。

機関車に牽かれるときはリンクと落とし込みピンが牽引力を伝え、減速するときは受け板同士が接触して車両を支えることになる。

極めて簡単な構造で、製造もたやすかったと思われる。ただし、リンクの動きは遊びが大きく、運行時には前後動も発生してしまう。乗り心地の点ではあまり優れたものではなかった。また、強度も低く、それにより列車重量も限られる。森林鉄道や鉱山鉄道では結構長い編成もあったが、多くは数両となる小規模の編成に留まった。

ちなみに森林鉄道や鉱山鉄道の場合、積車での運行は山から麓に資材を運ぶ、おおむね下り坂での運転が多い。連結器は圧縮方向で力がかかり、リンクが切れるという危険性は少なかったのである。ただし、実際にはリンクが切れる事故も発生している。

日本での「中央緩衝連結器」の使用は、1921（大正10）年に鉄道省が作成した『日本鉄道史』を読むと1880（明治13）年に開業した北海道の幌内鉄道（1067ミリ。函館本線などの前身）で使用したと記され、これが本書の中では初出となる。

幌内鉄道はアメリカの技術協力で建設されており、車両もアメリカから輸入された。機関車の写真を見ると一応、自動連結器を備えているが、ナックル部にリンクあるいは連結棒もつなげられる構造だった。貨車などとの連結はそれで行っていたようだ。

中央緩衝連結器は、アメリカでは「Link and Pin Coupler」

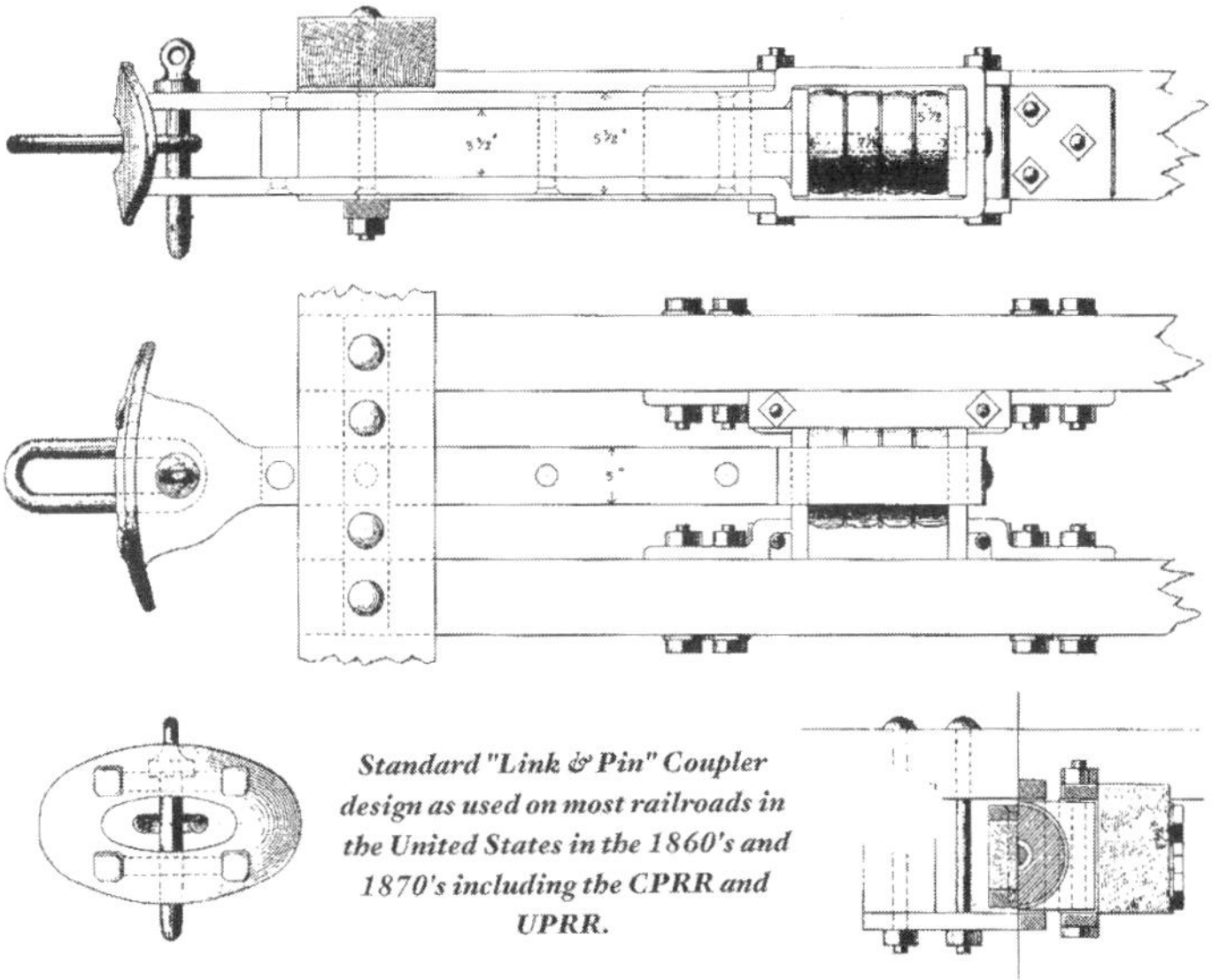
Standard "Link & Pin" Coupler design as used on most railroads in the United States in the 1860's and 1870's including the CPRR and UPRR.

アメリカでは「Link and Pin Coupler」と呼ばれた「あさがお型連結器」の構造図

と呼ばれ、鉄道黎明期から多用されていた。しかし、19世紀後半には自動連結器が開発され、連結・解放の作業が簡単で安全、しかも強度も優れているとして急速に広まった。幌内鉄道の機関車（弁慶号など）もこうした過渡期に製造されており、最新の自動連結器の機能を持ちながら、従来のLink and Pin Coupler方式の車両との連結も可能な構造とされたのだろう。

ただし、日本の鉄道黎明期で主流となった連結器は「バッファー&リンク式」（087ページ参照）とも呼ばれる両側緩衝器と螺旋連結器を合わせたものだ。これは日本の鉄道がイギリスの技術協力で始まったことにより、それに習ったものだった。新橋〜横浜間の鉄道運転開始時もこの連結器で、国鉄では1925（大正14）年の自動連結器交換まで基本となる連結器はこれだった。

ちなみに青梅鉄道、上野鉄道、竜崎鉄道など初期に建設された762ミリの「軽便鉄道」でも、この両側緩衝器と螺旋連結器を使っている。

ただし、それらに先駆けて開業した伊予鉄道では、両側緩衝器では急カーブを曲がれなくなるとして、緩衝器は中

「あさがお型連結器」による連結作業。写真は連結用のリンクがない状態

上／「あさがお型連結器」の連結状態を横から見たところ。連結器の高さは多少異なるが、問題なく連結できている
下／連結状態を真上から見たところ

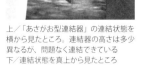

央1本だけ、その下に螺旋連結器を取り付ける構造としている。これは近隣の別子鉱山鉄道でも採用されているほか、海外での活用例も多い。一見、「あさがお型連結器」に見えなくもないが、連結・解放の操作は「バッファー&リンク式」以上に大変だったことだろう。

ナローゲージの「軽便鉄道」で「あさがお型連結器」こと中央緩衝連結器が多用されるようになるのは、明治末期のことだった。1910（明治43）年の「軽便鉄道法」の制定で、全国にナローゲージの「軽便鉄道」が次々と誕生するが、写真などで確認していくとここでは中央緩衝連結器が採用されている。こうして「あさがお型連結器」は軽便には欠かせない存在となっていったのだ。

なお、貨車などでは緩衝装置のない簡易版の連結器もあった。これも「あさがお型連結器」の仲間だが、正式名称は残念ながら寡聞にして判らない。

自動連結器の場合、取り付け位置中心はレール面から780～890ミリ（国鉄）、812～914ミリ（1067ミリ軌間の地方鉄道）のように定められていたが、ナローゲージの「軽便鉄道」で使用する中央緩衝連結器には取り

井笠鉄道ホハ12の連結器。受け板は長円で、これが「あさがお」の語源

「あさがお型連結器」の緩衝装置にはいろいろな構造があった。上は取り付け部の中にバネが組み込まれている。左は081ページのように車体の下部にバネが仕込まれている

緩衝装置のない「あさがお型連結器」。トロッコや運材台車などではこの方式が多用されていた

付け位置の定めはなく、これは各鉄道が独自に決めていたようだ。岡山県の「井笠鉄道」の場合、手持ちの竣工図によると蒸気機関車から気動車、客車、貨車に至るまで501ミリとなっている。また、宮城県の「仙北鉄道」も手持ちの竣工図はすべて527ミリで、鉄道内で統一していたことがわかる。

ただし、必ずしも統一されていたわけではなく、石川県の「尾小屋鉄道」の場合、機関車は460ミリだが、客車・貨車では457ミリのものもある。その差は3ミリで、許容範囲だろう。ただし、キハ3気動車は530ミリと機関車に比べて4センチも高い。

この車両は静岡県の「遠州鉄道奥山線」からの転入車で、遠鉄時代の車体構造から530ミリになってしまったと思われる。尾小屋鉄道の気動車は客車を牽いて運行することもあったが、キハ3が連結運転していることは見たことがなかった。ひょっとすると、この4センチの差が障害になっていたのかも知れない。

このほか、長野県の「草津電気鉄道」では558～572ミリ、新潟県の「頚城鉄道自動車」では356～368ミリ、同「栃尾鉄道」では552～572ミリと車両によって差があった。中央緩衝連結器はその構造上、自由度が高かったということだろう。

一方、機関車の中には客車・貨車の連結器位置に合わせてリンクの取り付け高さを調整できるものもあった。これは工場専用線、森林鉄道、鉱山鉄道、さらには土木工事用などに向けて開発された内燃機関車での使用例が多い。写真は栃木県の「住友セメント専用線」（762ミリ）で使われていた加藤製作所製の機関車だが、リンクの取り付け穴は5段に並んでおり、連結車両に合わせて調整していた。こういった調整は自動連結器では簡単にできず、これが中央緩衝連結器の長所でもあったのだ。

機関車ではリンクの取り付け穴が複数並び、連結する車両の高さに合わせて調整できるものものあった

尾小屋鉄道キハ3。ほかの鉄道（遠州鉄道）からの転入車ということもあり、同鉄道の車両の中では連結器の取り付け位置が大きく異なっていた

軽便といえども「自動連結器」も活躍

　ただし、ナローゲージの「軽便鉄道」といってもすべてが「あさがお」ではなく、自動連結器を使用する鉄道もある。現行の「三岐鉄道北勢線」や「四日市あすなろう鉄道」では、ごく一般的な自動連結器を使用している。同様のものは先述の「遠州鉄道奥山線」や岡山県の「下津井電鉄」でも使われていた。

　また、新潟県の「越後交通栃尾線」や大分県の「日本鉱業佐賀関鉄道」では、晩年に日本では珍しいウィリソン式の自動連結器を導入していた。これはナックルが動かない構造で、日立製作所が利用権を得て製造したものだ。鉱山や工場での使用が多く、一般鉄道での活用は限られたようだ。

　なお、「下津井電鉄」では晩年まで貨物輸送を行っており、貨車にはバッファー&リンク式こと両側緩衝器と螺旋連結器を使用していた。そのため、貨車をけん引する電車には、自動連結器と共に両側緩衝器と螺旋連結器が取り付けられ、なかなかごつい様相となっていた。

　下津井電鉄の貨物営業は１９７２（昭和47）年に終わってしまったが、バッファー&リンクはその後も車両に取り付けられたままだった。筆者にとって、日本の鉄道でバッファー&リンクが実用で使用されている姿を見た最初で最後の例だった。

自動連結器

軽便鉄道といっても中には、現行の三岐鉄道北勢線、四日市あすなろう鉄道のように一般的な自動連結器を使用しているところもあった。ただし、連結器そのものの大きさは小ぶりになっている

ウィリソン式自動連結器

ナックル部が動かず、施錠ピンで連結する構造のウィリソン式自動連結器。イギリスで開発されたものの、一般的な自動連結器ほどの互換性がないため、世界的に見ても使用例は少ない。日本では越後交通栃尾線、日本鉱業佐賀関鉄道などの軽便鉄道で使われていた

バッファー&リンク連結器

バッファー&リンク式連結器といえば、明治の鉄道黎明期に使われたイメージ（右下は桜木町駅に展示されている新橋～横浜間開業時に使用された110形）で、博物館などでしか見られないものと思い込んでいた。下津井電鉄では自動連結器を使っていたものの、貨車はバッファー&リンク式連結器だった。そのため、貨車を牽引する電車には両方の連結器が付いていた

シンプルな「平トロ」

COLUMN

「トロッコ」ってなんだろう？

近年、各地で運行されている「トロッコ列車」といえば、開放的にデザインされた車両によって運行される観光列車とのことだが、そもそもの「トロッコ」とは何なのだろうか？

トロッコとは簡素な構造の貨車の総称で、鉄道の現場では「トロ」「トロリー」とも呼ばれている。旧国鉄では自重3トン以下、2軸以下のものを示し、人力で押す、あるいは自転車のように人力でこぐ軌道自転車、さらには動力を使ったモーターカーもこれに含めていた。保線作業、あるいは車両基地の部材輸送などで現在も活用されている。

ナローゲージのトロッコは土木工事に使用されるものが多かった。土砂を効率的に運ぶように箱状の側板を付けた「箱トロ」、あるいは逆三角形やU字形のバケットを付けた「なべトロ」もある。なべトロの場合、バケットを横に倒せば土砂などの中身を線路わきに落とすことができる。シンプルな構造のトロッコは「平トロ」とも呼ばれている。

第3章

軽便鉄道の歴史

「軽便鉄道」の歴史

◆鉄道黎明期に生まれた「軽便鉄道」

趣味的にとらえた広義の「軽便鉄道」についてその歴史をたどってみよう。

日本の鉄道は1872（明治5）年に新橋〜横浜間で産声を上げ、2年後には大阪〜神戸間でも運転を開始した。いずれも現在の東海道本線の前身となるもので、軌間は1067ミリ（3フィート6インチ）を採用していた。やがてこの規格が全国に広まって日本の基準となり、本書で紹介するナローゲージの「軽便鉄道」とはそれより狭い軌間を示すことになった。

新橋〜横浜間などの鉄道は、当時の工部省（現在の総務省・経済産業省・国土交通省の前身）の管轄による官設鉄道で、実務は鉄道寮（1877／明治10年からは鉄道局）が担当していた。

この時代、同じく工部省の鉱山寮（のち鉱山局）では全国の鉱山管理を進めており、1874（明治7）年には岩手県の釜石鉱山を民間から買い上げて官営鉱山として運営するようになった。釜石では鉄を中心に金・銀・銅・鉛・亜鉛なども産出しており、近代的な国づくりをめざした明治政府にとって重要な鉱山と目されたのである。

釜石では整備が進められ、1880（明治13）年には採鉱所（大橋）と製鉄所（釜石）を結ぶ「釜石鉄道」（支線も含めて26・3キロ）も敷設された。日本では3番目の開業

838㎜軌間で開業した「釜石鉄道」の機関車は、同鉄道廃止後に大阪の「阪堺鉄道」に譲渡された。さらにこの機関車は阪堺鉄道で1067㎜に改軌のうえ、南海電気鉄道の前身となる「南海鉄道」に譲渡されている。写真は流転を重ね、南海15号機となった時代のものだが、シンプルなサドルタンクのスタイルは変わっていない（所蔵：鉄道博物館）

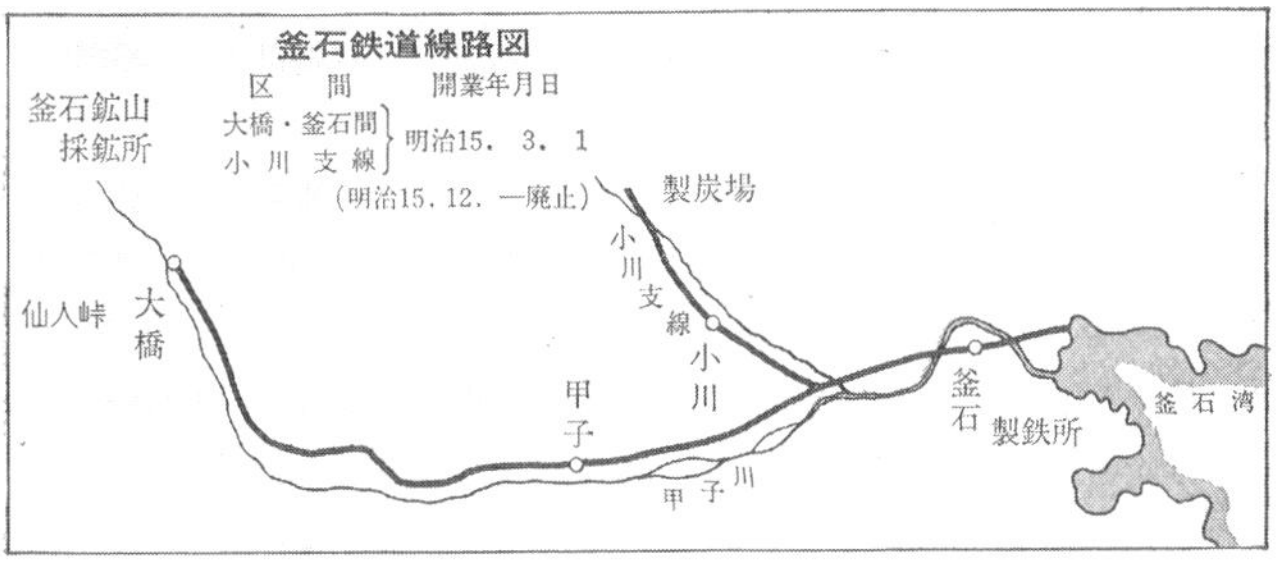

「釜石鉄道」は1880（明治13）年に開業、1882（明治15）年には旅客営業も開始したが、1年と持たずに廃止されてしまった。『日本国有鉄道百年史①』（交通協力会刊）掲載の路線図では旅客営業開始時が開業時として記されている

釜石鉱山は一旦停止となったが復興を遂げ、鉄道も762㎜軌間となって復帰、1911（明治44）年からは蒸気機関車による運行も開始（『写真集明治大正昭和釜石　ふるさとの想い出』（国書刊行会刊）より　所蔵：国立国会図書館）

となった鉄道である。

鉄道局の鉄道は先述のように１０６７ミリ軌間を採用していたが、釜石では地形の険しさなどを理由としてそれより狭い８３８ミリ（2フィート9インチ）が採用された。つまり、これが最初の「軽便鉄道」といえる。なお、結果的に日本ではこの軌間の採用例は少なく、極めて特殊な軌間ともなった。

動力は蒸気機関車で、これはイギリスから3両輸入された。メーカーは新橋〜横浜間、大阪〜神戸間などの鉄道にも導入されて定評があったシャープ・スチュワート。釜石では33パーミル（１０００メートルで33メートルの高低差がつく勾配）という急勾配もあり、動輪径を７６２ミリ（別会社の製造だが、新橋〜横浜間で使用された1号機関車は１２９５ミリ）と小ぶりにし、さらに制動装置も工夫するなど、勾配路線に合わせた設計となっている。

同年3月には営業運転を開始し、１８８２（明治15）年からは貨物のみならず旅客も扱っている。資材運搬の専用鉄道というより、本格的な普通の鉄道として運営されたのである。


同年9月には溶鉱炉も完成して本格的な運用が始まった。ただし、製鉄の燃料となる木炭やコークスの入手や扱いに問題が発生、わずか2年で釜石での採鉱および製鉄の事業を停止、翌年には廃止する事態となってしまった。その結果、鉄道も１８８２（明治15）年12月で運行停止、ほどなく廃止されてしまった。

この釜石鉄道の軌条（レール）や車両については、各所から払下げの請願があり、最終的に大阪の「阪堺鉄道」（現在の南海電気鉄道の前身）の手に渡っている。

この釜石鉄道の資材を受けた阪堺鉄道は、１８８５（明治18）年12月29日に難波〜大和川間で開業した。釜石鉄道の車両も活用しているため、軌間は同じく８３８ミリとなった。なお、阪堺鉄道は、日本鉄道・東京馬車鉄道につぐ日本で3番目の私設鉄道（私鉄、民鉄）で、私鉄初の「軽便鉄道」ともいえる存在だ。

阪堺鉄道の運営は順調に推移、3年後には堺まで延伸したが、堺から和歌山までの路線をめざしていた鉄道に統合されることとなった。それに先駆けて阪堺鉄道は１８９７（明治30）年に難波〜堺間を１０６７ミリに改軌、翌年には南海鉄道に譲渡されている。

なお、釜石鉱山は、その後、民間によって復興を遂げ、釜石〜大橋間には新たな釜石鉱山馬車鉄道（1894／明治27年〜）明治27年〜）が敷設されている。これを基に本格的な鉱山鉄道（1911／明治44年〜）となり、その後も運営形態を変えながら1965（昭和40）年まで運行を続けている。軌間は馬車鉄道時代から762ミリを採用する「軽便鉄道」だった。


1888（明治21）年には四国初の鉄道として愛媛県の伊予鉄道が開業した。当初は外側（松山）〜三津間で運行を開始、軌間は762ミリ。釜石鉱山、阪堺鉄道に続く「軽便鉄道」である。

明治の文豪として知られる夏目漱石は、伊予鉄道開業から数年後の1895（明治28）年、愛媛県尋常中学校（旧制松山中学、現在の松山東高校）に英語教師として赴任した。その経験をモチーフに小説『坊っちゃん』（『ホトトギス』第九巻第七号発表時）を書いているが、ここに「マッチ箱のような汽車」として伊予鉄道が出てくる。この作品を縁として、伊予鉄道はそれから「坊っちゃん列車」とし

762㎜軌間で開業した「伊予鉄道」の1号機関車。ドイツのクラウス製。写真の1号機は鉄道記念物に指定され、松山市の梅津寺公園に保存されている（所蔵：鉄道博物館）

て親しまれるようになった。ちなみにこの機関車はドイツのクラウス製だった。伊予鉄道ではよほど気に入ったようで、同形機をのべ15両も輸入している。

漱石が赴任した当時、伊予鉄道は線路の延伸を重ねていた。また、周辺にはやはり762ミリで道後鉄道や南予鉄道も開業していく。伊予鉄道は1900（明治33）年にこれらを合併、さらに路線網を広げていった。その後、1911（明治44）年から1931（昭和6）年にかけて線路を1067ミリへ改軌したが、現在でも大半の路線は存続し、四国最古の鉄道として運営されている。

また、「坊っちゃん列車」が開業した1888（明治21）年、横川〜軽井沢間を結ぶ「碓氷馬車鉄道」も開業した。のちに信越本線となる官設鉄道は1885（明治18）年に横川駅まで達していたが、軽井沢駅までの急峻な区間は工事が難航、日本初のアプト式で建設が行われた。この工事に並行して軽井沢駅より先の建設も進められ、同年暮れに軽井沢〜上田間が先行開通することになった。これを受け、この未開通区間の連絡をはかるものだった。

同年発行の『工学会誌　第7輯』によると、線路は現在の国道18号線旧道（めがね橋こと碓氷第三橋梁のわきを通る道）を併用する形で、道路の山側に沿わせて敷設された。距離は「4里27丁51間」（およそ19キロ）。鉄道名にもあるように馬が客車を曳き、ここを2時間半で結んでいた。線路や車両はフランスからの輸入品で、軌間は「2呎」610ミリだった。これが私鉄としては初めての610ミリ採用で、「軽便鉄道」初の馬車鉄道でもあった。

すでに馬車鉄道は東京馬車鉄道で実用化が始まっていたが、東京では馬を2頭立てとしたこともあり、軌間は1372ミリと広い。一方、碓氷馬車鉄道では1頭立ての運行が多く、さらにアプト式鉄道開通までの期間限定の運行だったこともあり、簡易な610ミリを採用したようだ。

なお、アプト式鉄道は1893（明治26）年に開業し、碓氷馬車鉄道はわずか5年の運用で廃止となった。

◆軽便規格の「馬車鉄道」や「人車鉄道」が次々と誕生

伊予鉄道が開業に向けて準備を進めていたころ、全国各地で民間による鉄道建設がブームとなり、鉄道会社が次々と発起されていった。この時代、民間の鉄道建設に対する法的な基準はなく、1887（明治20）年にはそれを定める「私設鉄道条例」が制定された。

この条例で定める「私設鉄道」は、官設鉄道並みの幹線鉄道として位置付けられたこともあり、第七条に「軌道の幅員は特許を得たる者を除くの外総て三呎六吋とす」（以後、法律文書の引用はカタカナをひらがなに変更して記す）とある。つまり、この法律に準拠して敷設される鉄道は、特別なことがない限り官設鉄道標準の「三呎六吋」（3フィート6インチ＝1067ミリ）と規定されたのだ。この条例は1900（明治33）年には「私設鉄道法」としてさらに整備されるが、この第四十条でも「軌間は特許を得たるものを除くの外三呎六吋とす」と軌間を定めている。

こうして定められた「私設鉄道条例」「私設鉄道法」は、蒸気機関車が客車や貨車を牽引する鉄道向けだったが、東京馬車鉄道や碓氷馬車鉄道のような馬車鉄道あるいは人が客車や貨車を押し動かす人車鉄道の発起も続いていた。

今度はこうした鉄道向けとして1890（明治23）年に「軌道条例」が公布された。元々、「私設鉄道条例」では第一条の中に「馬車鉄道は本条例定むる所の限にあらす」という一文を入れており、「軌道条例」では「馬車鉄道及其他之に準すへき軌道」を対象としたものだった。

この「軌道条例」は3条からなる極めて簡素なもので、軌間の規定はなかった。1901（明治34）年には「軌道条例取扱方心得」として詳細が規定されたが、ここでは勾配や曲線半径、運行速度などが定められているものの、やはり軌間の規定はなかった。

こうした流れの中、日本の鉄道は専用の線路用地を持つ「鉄道」、道路上に併用の形で敷設される「軌道」の概念が明確にされていったのである。

なお、「軌道条例」や「軌道条例取扱方心得」に軌間の定めがなかったため、この法律に準拠して1067ミリ以下のナローゲージを使うことも可能だった。ただし、基本としては馬車鉄道や路面電車を対象に考えられた法律で、いわゆる「軽便鉄道」に向くものではなかった。年代別に私鉄の開業状況を調べてみると、1890年代・1900年代にナローゲージの鉄道もかなり誕生するようになってい

小田原と熱海を結ぶ「豆相人車鉄道」の軌間は610㎜だった。小さな客車を人が押すかたちで運行された（『東海道線東京近郊電化写真帖』より　所蔵：国立国会図書館）

馬が客車を牽いて運行した「富士馬車鉄道」（軌間610㎜）。写真は東海道線富士駅開業（1909／明治42年）を祝うパレード（『写真集明治大正昭和富士　ふるさとの想い出』（国書刊行会刊）より　所蔵:国立国会図書館）

るが、そのうちの大半が馬車鉄道あるいは人車鉄道であり、蒸気鉄道となると「私設鉄道法」による1067ミリ軌間が大半だった。

この時代の人車鉄道といえば、1895（明治28）年から小田原〜熱海間の連絡をめざした「豆相人車鉄道」、1899（明治32）年から柴又〜金町間を結んだ「帝釈人車軌道」などが有名だろう。帝釈人車軌道は現在の京成電鉄金町線の前身となる存在だ。いずれも610ミリ軌間を採用している。

こうして明治後期の「軽便鉄道」は馬車鉄道や人車鉄道によって支えられていたのである。

なお、馬車鉄道や人車鉄道は開業も比較的楽だったが、それゆえに撤去も簡単で、特に車両などの保存はなされなかった。札幌市の北海道開拓の村に復元された馬車鉄道、あるいはさいたま市の鉄道博物館で展示されている「松山人車軌道」のレプリカ客車などは貴重な存在だ。

◆「軽便鉄道法」の制定で「軽便鉄道」が続々と誕生

日本の鉄道は創業以来、官設官営をめざしていたが、財政的な問題もあり、明治中期には日本鉄道をはじめとする私設鉄道によって幹線鉄道網が構築されていった。ただし、明治末期の日清・日露戦争を経て幹線鉄道の国有化が重要と改めて判断され、1906（明治39）年にはおもな私設鉄道を国有化して官設鉄道に一元化する「鉄道国有法」が制定された。これにより翌年までに17社の私設鉄道が国有化されている。

これによって国鉄が幹線鉄道を担うことになり、私鉄は地域の交通機関として運営されるものが主流になっている。しかし、そうした鉄道の監督法規として1900（明治33）年に制定された「私設鉄道法」は厳格すぎるものだった。そのため、鉄道敷設に向けた条件を緩やかにし、手続きも簡素にした「軽便鉄道法」が1910（明治43）年に制定された。

大規模な官設鉄道並みの私鉄に対しては「私設鉄道法」、それ以外の一般的な私鉄に対しては「軽便鉄道法」、そして路面電車などの軌道に対しては「軌道条例」と3本立てによって時代の流れに合う法体制を整えたのだ。

この「軽便鉄道法」では設備などは簡易なもので良いとし、認可を受ければ道路上に軌道を敷設することも可能とするなど、従来の規制が大幅に緩和されたものとなった。

さらに「軽便鉄道」に官設鉄道すなわち国鉄線を幹としてそれらを補う枝としての役割も担わせるべく、その建設は急務とされた。そのため、1911（明治44）年には「軽便鉄道補助法」を制定し、鉄道に対する補助金を用意した。これは軌間「2呎6吋」（762ミリ）以上の軽便鉄道路線に対して、政府が5年間にわたり年間5％の利益を補償するものだった。それから3年後の1914（大正3）年には給付期間を10年間に延長する修正も行うなど、異様に手厚く保護されている。これによって日本中にこれまでにない鉄道敷設ブームが起こったのである。

1913年に発行された『明治運輸史』によれば「明治44年度末（1912年3月末）には、既に百三十三の軽便鉄道を見るに至り、其線路哩程二千百二十九哩六十九鎖（約3428キロ）」だが、翌1913（大正2）年5月末の調査では「鉄道数は二百三十二となり、其線路哩程三千三百二十八哩四十五鎖（約5357キロ）」ととんでも

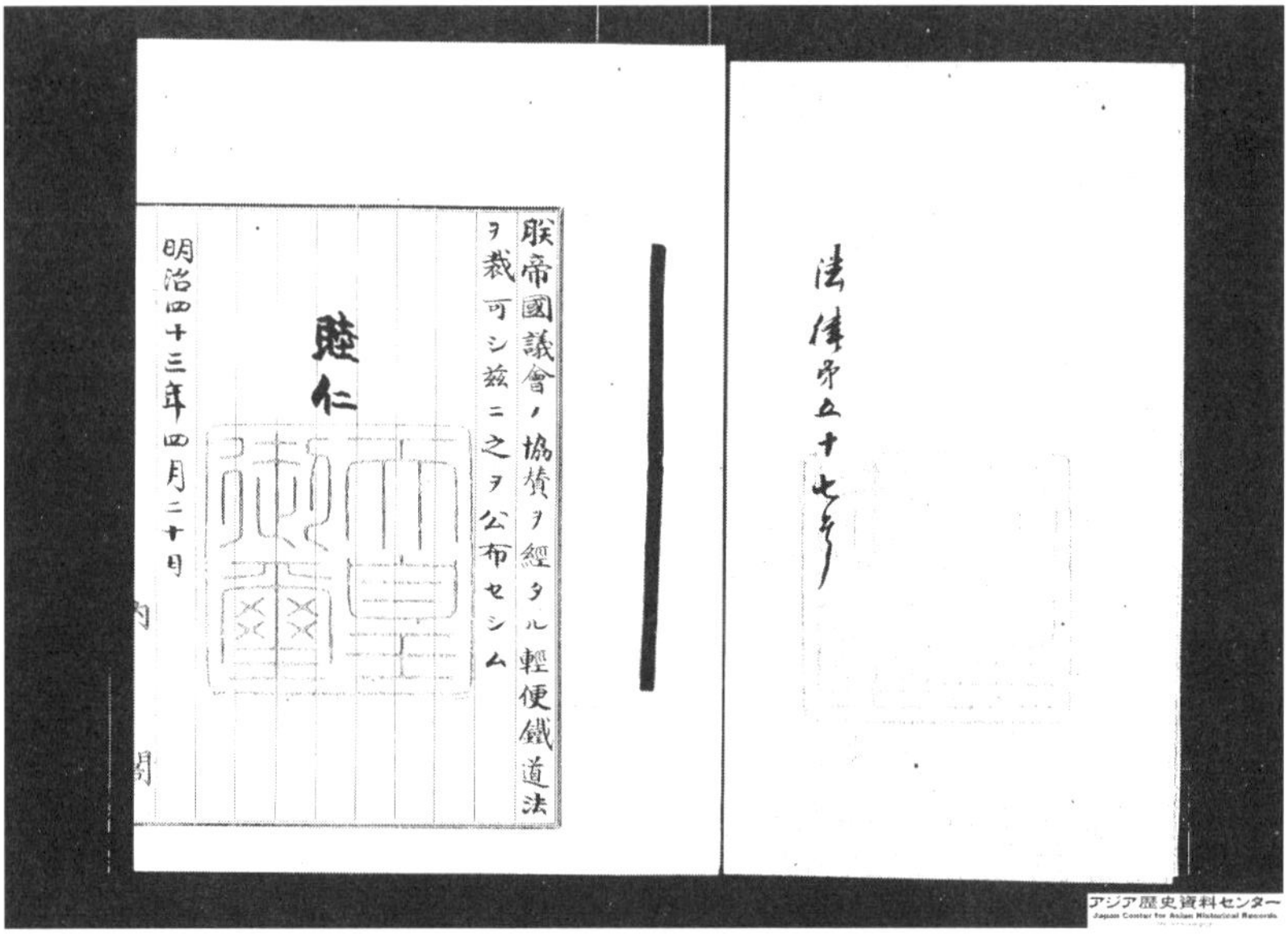
法律第五十七号

朕帝國議會ノ協賛ヲ經タル軽便鐵道法ヲ裁可シ茲ニ之ヲ公布セシム

睦仁

明治四十三年四月二十日

1910（明治43）年4月21日に公布された「軽便鉄道法」。明治天皇の署名は前日の4月20日だった（所蔵：国立公文書館）

ない伸びを示している。

ただし、規制緩和のひとつとして従来の「私設鉄道法」に準拠して開業していた私鉄に対しても「軽便鉄道法」への移行も認めていたので、すべてが新設の鉄道というわけではない。ちなみに大正中期には規制の厳格な「私設鉄道法」に準拠する私鉄は皆無になってしまったとも言われている。

軌間および年代別の私鉄開業状況をみると、1910年代に開業数は1900年代に比べて3倍近くに増えている。一方、「軽便鉄道補助法」の「2呎6吋以上」という制約が効いたのか、762ミリ未満の軌間採用例が減っている。610ミリはしばらく数件の開業が続くが、これは地形的に762ミリ以上での敷設が困難、あるいは資本力の弱小なものに限られていたようだ。また、動力も蒸気が半分以上に増え、人車や馬車の採用はごくわずかとなった。

この「軽便鉄道法」では軌間の制定がなかった。そのため、この法規に従った「軽便鉄道」だからといって1067ミリ未満のナローゲージを採用しなくてはならないわけではなかった。実際、1910年代の開業私鉄では1067ミリが大半で、1372ミリや1435ミリの採用も多く、

岡山県の「西大寺鉄道」（軌間914㎜）は「軌道条例」で開業、1915（大正4）年に「軽便鉄道法」による鉄道に変更している。沿線の西大寺で行われる「会陽（裸祭り）」の際は大勢の人を運んだ（撮影：牧野俊介）協力：プレス・アイゼンバーン

1067ミリ未満のナローゲージは4割程度だった。「軽便鉄道法」に準拠したといっても、ナローゲージの「軽便鉄道」が生まれるわけではなかったのだ。

◆「地方鉄道法」にも規定された2呎6吋軌間

「軽便鉄道法」の制定で私鉄の鉄道建設が大きく進んだが、この時代は鉄道の電化技術も進んだ。初期の電車は路面電車が多く、これは「軌道条例」によって定められていた。しかし、専用の線路用地を持つ電車も現れ、特に大正期となってから急速に増えていく。

軌道では基本的に連結運転できなかったが、鉄道を走る電車では連結運転ができないと不便だ。結果として電車も「軽便鉄道法」で規定されたが、この法律はもともと機関車が列車を牽くいわゆる汽車の運行を想定したもので、電車の管轄には無理な面も出てきた。

そこで1919（大正8）年に新たな「地方鉄道法」を制定した。「地方鉄道」は新たに作られた言葉だったが、国営鉄道（国鉄）に対する民営鉄道一般を示し、日常的には私鉄と呼ばれるものだ。

地方鉄道の概念には軌道も含まれるが、「地方鉄道法」では、第1条で「本法は軌道条例に規定するものを除くの外道府県其の他の公共団体又は私人か公衆の用に供する為敷設する地方鉄道に之を適用す」と規定、軌道を外す旨がうたわれている。軌道に対しては別途1921（大正10）年に「軌道法」を制定し、その管轄下に置くものとした。なお、「地方鉄道法」第1条後半の「公衆の用に供する」というのは特定人の専用に使うものではなく、一般公衆の交通に使われるものを示す。逆に特定人の専用に使うものは「地方鉄道」ではなく「専用鉄道」となる。

また、地方鉄道は国鉄線と相まって陸上交通を形成するもので、その規格を事業者の意のままにすると国鉄と地方鉄道、あるいは地方鉄道相互間の連絡運輸や直通運輸に支障をきたすと懸念され、これを規定する条文も組み込まれた。

まず使用する動力については、第2条で「地方鉄道は人力又は馬力其の他之に類するものを以て動力と為すことを得す」とされ人力・馬力が禁止された。明治期、「軽便鉄道」

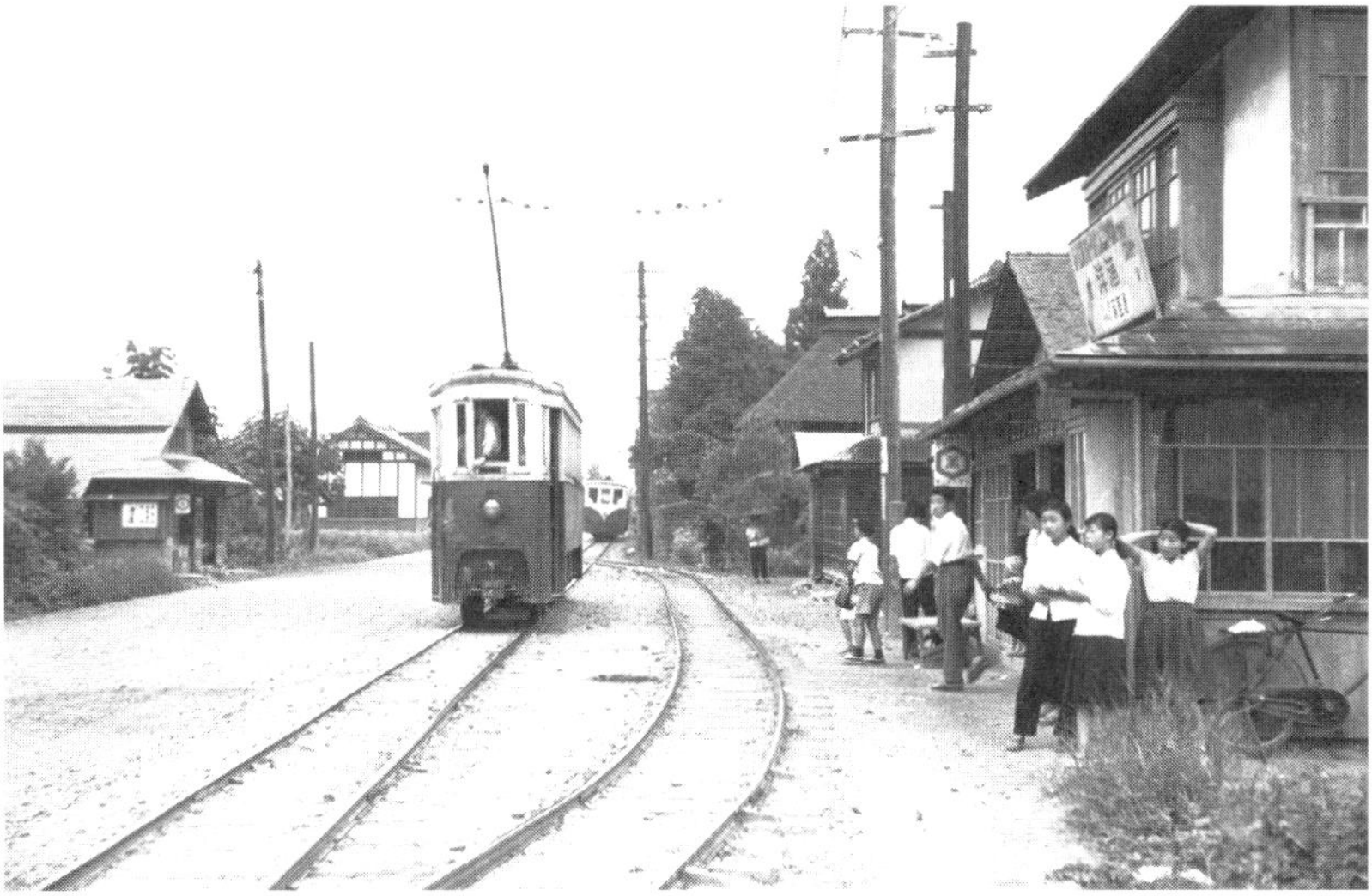

岩手県「花巻電鉄」（軌間 762㎜）の鉛温泉方面に向かう路線は「軌道条例」による「温泉電軌」として開業、路線の大半は道路上を走る併用軌道となっていた（撮影：下島啓亨）

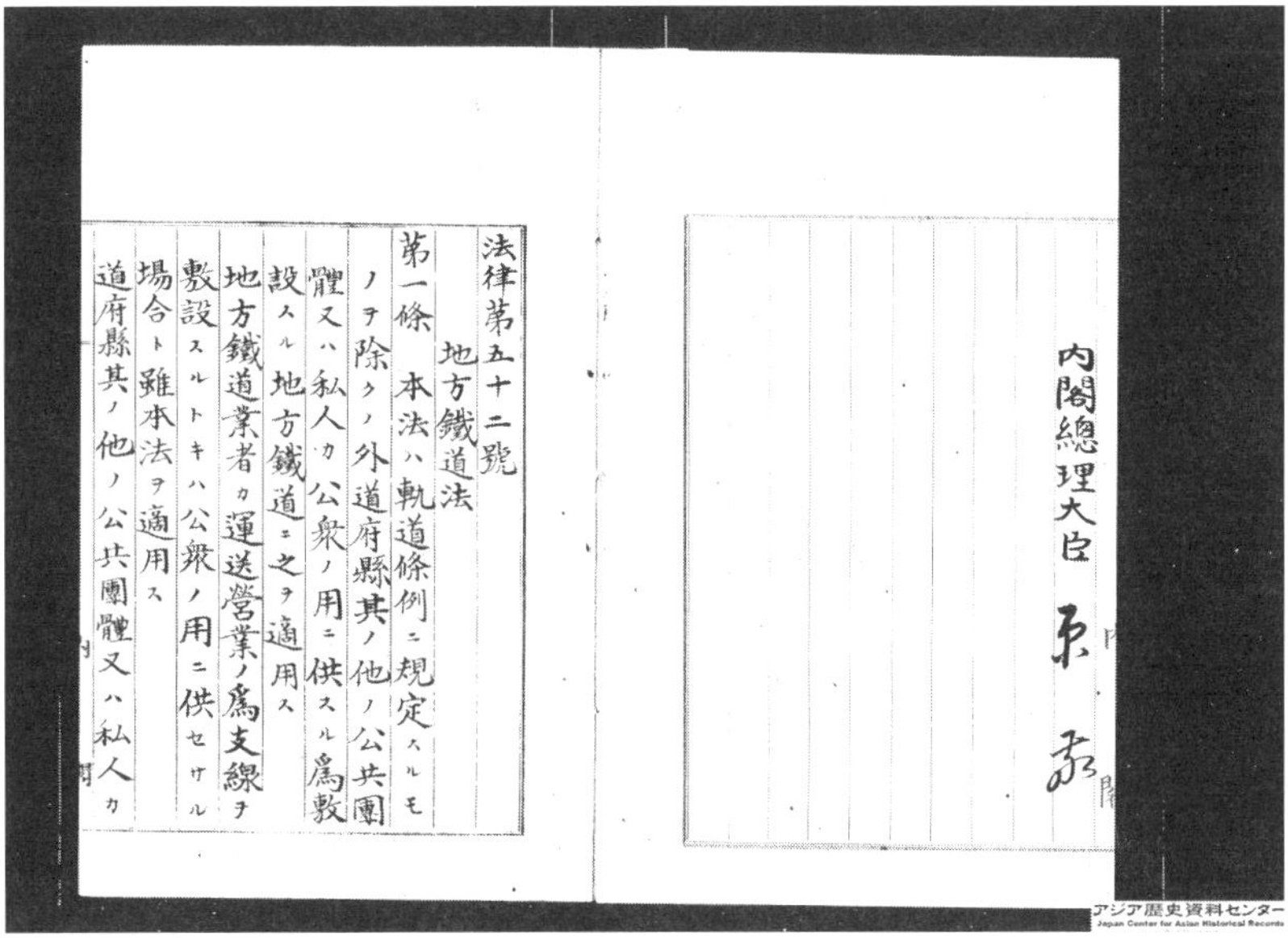

法律第五十二號

地方鐵道法

第一條　本法ハ軌道條例ニ規定スルモノヲ除クノ外道府縣其ノ他ノ公共團體又ハ私人カ公衆ノ用ニ供スル爲敷設スル地方鐵道ニ之ヲ適用ス

地方鐵道業者カ運送營業ノ爲支線ヲ敷設スルトキハ公衆ノ用ニ供セサル場合ト雖本法ヲ適用ス

道府縣其ノ他ノ公共團體又ハ私人カ

内閣總理大臣　原敬

1919（大正 8）年に制定された「地方鉄道法」。同法の原本には時の内閣総理大臣だった原敬の署名もある（所蔵：国立公文書館）

914㎜軌間を採用した佐賀県の「祐徳軌道」では、焼玉エンジンを使った「石油発動車」を使用していた。客車１両を牽くのがやっという非力な機関車だった（所蔵：鉄道博物館）

の発達に寄与したこれらの活用はできなくなったのだ。

軌間についても規定を設け、第３条で国鉄と同じ1067ミリがうたわれたが、「特別の場合に在りては4呎8吋半又は2呎6吋と為すことを得す」と2種を認めている。つまり、1435ミリと762ミリも加えているのである。例外を認めたのは、客車や貨車の直通運行よりも重要な理由がある場合、また地形などの制約で1067ミリを採用できないといったことを予想したと思われる。結果として762ミリは社会権を得たが、九州北部などで流行っていた914ミリは条文から消え、その後の採用はごくわずかとなった。

さらに第４条で道路上に線路を敷設することはできないと規定した。これが「軌道法」との大きな違いとなる。ただし、地形などの関係でやむをえない場合は、主務大臣の許可を得て道路敷設することもできるとしている。

こうした「地方鉄道法」および「軌道法」の施行により「私設鉄道法」「軽便鉄道法」、そして「軌道条例」「軌道条例取扱方心得」などは廃止され、時代や実態に合った管理へと切り替えたのである。

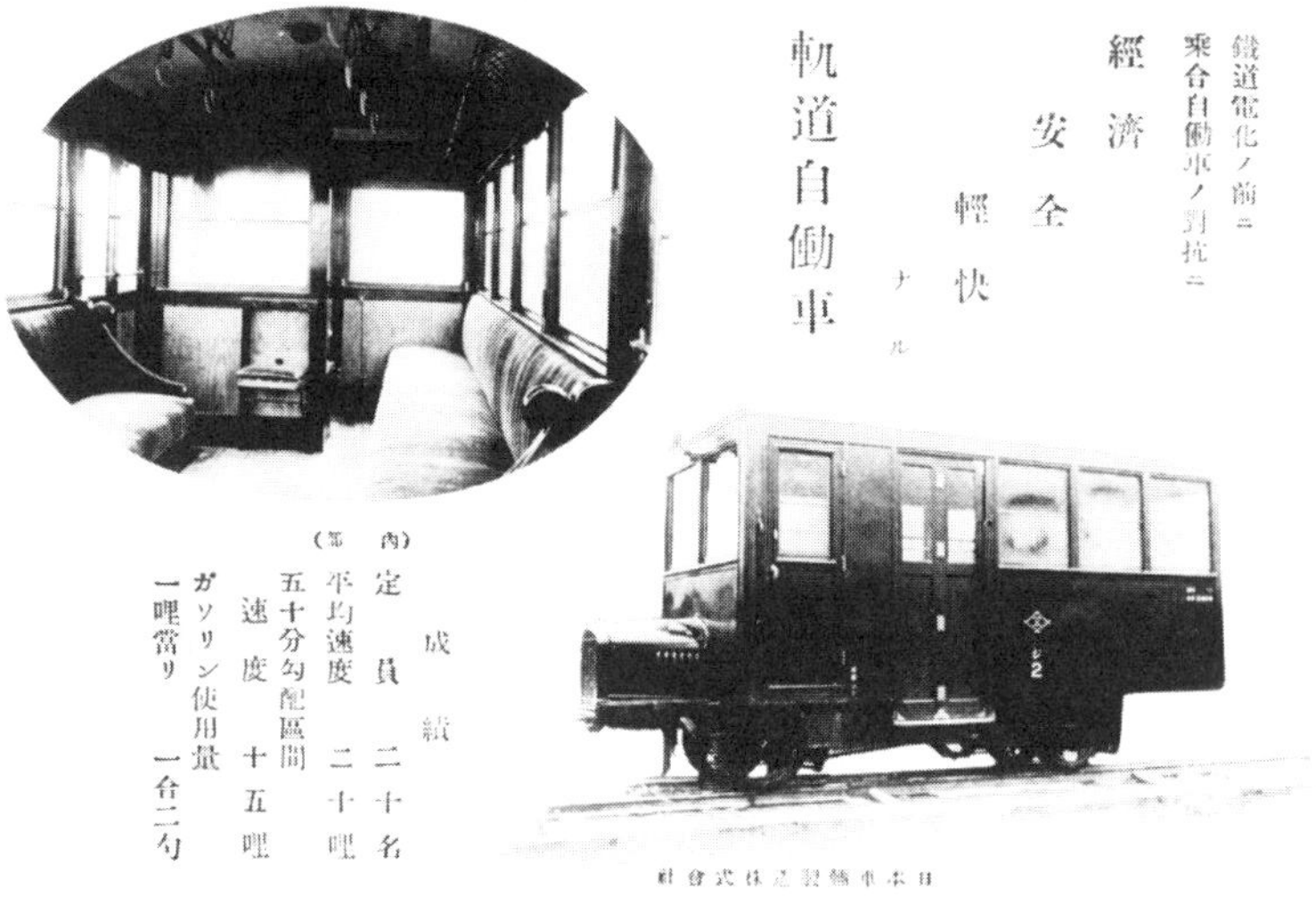

井笠鉄道で導入した日本車両初のレールバス（単端式気動車）

なお、「軽便鉄道補助法」も廃止となり、補助は1922（大正11）年で終了となった。この補助金が引き金になったとは限定できないが、大正後期から昭和初期にかけて多くのナローゲージの「軽便鉄道」が廃止されていったのも事実だ。もともと脆弱な経営母体のなか、第一世界大戦（1914〜1918年）後の経済不況、さらには昭和恐慌（1930〜1931年）などが続き、経営が立ち行かなくなった鉄道が多かったのだ。開業から10年未満で廃止となった鉄道が30近くある。また、この時代は1067ミリなどへの改軌も盛んにおこなわれている。やはり狭軌では輸送力が劣り、さらに国鉄などとの貨車の直通なども必要と判断されたのだろう。

一方、経営を継続しようとする鉄道には新たな技術として内燃機関の発達が期待された。

「軽便鉄道」では明治末期に焼玉エンジンを使った「石油発動車」として内燃機関の導入が始まったが、これは客車1両を牽引するのがやっという機関車で、進行方向に合わせて向きも変えねばならず、北九州など一部の鉄道での活用に留まっている。

その後、自動車用のガソリンエンジンが発達、大正末期からこれを鉄道車両に搭載したいわゆるレールバスが開発される。これも進行方向が決まっていることから「単端《たんたん》式気動車」と呼ばれた。単端式気動車は小規模な会社による製造で始まったが、昭和期には大手の日本車輌も参入して一気にブームとなった。メーカーや鉄道によって「軌道自動車」「自走機客車」「自走客車」などとも呼ばれたが、当時の主流だった蒸気機関車に比べて扱いやすく、経費節減にも役立ったのである。当初は無骨な車両だったが、やがて洗練されたスタイルの車両も登場し、乗客にも好評を得たようだ。

ただし、太平洋戦争に向けて戦時色が強くなってくると燃料の入手が困難になり、やがてエンジンを外して蒸気機関車に牽かれる客車として使われる例も増えていった。

◆北海道で活躍した「殖民軌道」「簡易軌道」

北海道では「地方鉄道法」や「軌道法」によらない「軽

年代別　私鉄開業数

軌間	1880年代	1890年代	1900年代	1910年代	1920年代	1930年代	1940年代	1950年代	軌間備考
576		1							1呎9吋
600				1					メートル法
610	1	7	2	4	5	1			2呎
635			1						2呎1吋
660		1	1	1					2呎2吋
673			1						2呎2.5吋
737		1	1	1					2呎5吋
762	1	15	26	65	36	2	2	2	2呎6吋
838	1								2呎9吋
914		1	9	13	4	4			3呎
1067	11	35	22	91	145	35	16	13	3呎6吋
1372	2	1	4	4	1		2		4呎6吋
1435		1	3	25	28	3	1	2	4呎8.5吋

＊『私鉄史ハンドブック』などを参考に開業時の軌間を基本として算出。

北海道各地に建設された殖民軌道（晩年は簡易軌道）のひとつだった幌延町営軌道（撮影：片岡俊夫）

便鉄道」も登場している。これは北海道の開拓地で円滑な物資輸送を行うためにつくられたもので、当初は「殖民軌道」、1946（昭和21）年からは「簡易軌道」と呼ばれた。1938（昭和13）年の『北海道移民事業施設概要』によると「軌間2呎6吋の簡易軌道を敷設し、各線には数箇所の停留場を設け　各停留場間の連絡を保つ為電話を架設し　又各停留場には所要の貨車を配備して以て一般に開放す」とある。文面からすると762ミリの「軽便鉄道」といえるが、「地方鉄道法」による「軽便鉄道」とは大きく異なっていた。

まず、線路は北海道庁の管理によって敷設されたが、運用は利用者に任されていた。当初、動力とされたのは馬だった。ここで「地方鉄道法」第2条とは別のものとわかる。利用者は自前の馬を準備、用意された貨車を使って運搬するというものだった。つまり、鉄道を一般が利用できる道路のような扱いにしたのである。

今なら道路を整備すれば済む話で、実際、「殖民道路」の整備も行われている。ただし、未舗装のままでは降雪や降雨で利用しにくく、さらに春先の雪解けのシーズンは最悪だった。一方、線路であればこうした気象条件にも強く、補修も楽と考えたのである。何より、自動車の所有者も限られていた時代だったのである。

1924（大正13）年に根室地方の厚岸と中標津を結ぶ約48キロの「殖民軌道」がつくられ、1933（昭和8）年までに20路線およそ398キロもの路線が開業している。

運行ダイヤなどはなく、当時を知る方の話では、おおむね朝、開拓地（自宅）から国鉄駅や町に向かい、荷物の授受を終えたところで日没までに自宅に戻るという使い方だったそうだ。馬は賢く、帰路は御者が眠っていてもちゃんと自宅までたどり着いたという。線路は単線のため、行き違い設備のない場所で行き会えば、荷物の少ない方が退くルール。といっても停留場まで戻るのではなく、貨車を線路から外して道を開けるのだ。こうした運用も馬だからこそできたわけで、機関車どうしではこうはいかなかっただろう。

戦後の1951（昭和26）年には北海道開発局が発足、簡易軌道の新設や改良が進められた。このころから動力化も進められ、ディーゼル機関車あるいは先述のレールバス

最晩年まで残った「簡易軌道」の標茶町営軌道（所蔵：渋谷六男）

などの導入が始まった。個人任せでは運営できなくなり、北海道が地元の町や村などと管理委託契約を結び、町営あるいは村営などの軌道となった。戦後、国の管轄は農林省となったが、道路の整備も進み、自動車所有も一般化したことから1970（昭和45）年度で同省の簡易軌道整備事業が終了となり、2年後まで運営の続いた浜中町営軌道を最後に簡易軌道は全廃となった。

◆戦後のモータリゼーションの発達で衰退

1945（昭和20）年に終戦を迎えた。国鉄や都市の私鉄では戦災によって大きな被害を受けたが、「軽便鉄道」では約50あまりの路線が残っていた。

また、戦時中の「陸上交通事業調整法」による合併、あるいはそれに準じた合併などもあり、運行形態もかなり変わっている。例えば、藤相鉄道と中遠鉄道は静岡鉄道に合併され、1948（昭和23）年にはそれぞれが運営していた路線を繋いで、静岡鉄道の駿遠線となった。その時の運行区間は大手〜新藤枝〜新袋井間64・6キロで、「軽便鉄道」としては日本最長規模になった。

戦後の昭和20年代は燃料事情が悪化、石炭などは高騰し、さらに品薄となった。この時代、国鉄では高崎線や上越線などの電化を進めているが、ここにはそうした燃料事情もあったのだ。この窮状は「軽便鉄道」にとっても同じで、電化に踏み切った鉄道も出てきた。1948（昭和23）年の「栃尾鉄道」（のち越後交通栃尾線）を皮切りに1949（昭和24）年には「下津井鉄道」（電化で下津井電鉄）、1950（昭和25）年には「栗原鉄道」（のち栗原電鉄）および「別子鉱業」（のち住友金属鉱業）が電化している。

このうち「栗原鉄道」では電化後に1067ミリへの改軌も実施している。鉄道の電化・改軌は同時に行うケースが多いが、同社では762ミリの電気機関車を新製、わずか4年でこの機関車を1067ミリに改造するという手間をかけている。

実は電化時に改軌は考えていなかったのだ。電化によってスピードアップと運転本数を増加させたことで業績が伸び、さらなる輸送力の増強が必要になってしまったのであ

下津井電鉄では気動車を電車化して運用した（撮影：赤木幸茂）

る。さらに電化で動力費も約20パーセント削減できたことも後押しとなり、国鉄と貨車を直通できる１０６７ミリへの改革を実施したのである。

なお、「栃尾鉄道」や「下津井電鉄」では、それまで使ってきた気動車を電車化するなどして一層の経費削減に努めている。

また、「軽便鉄道」で車両の改造といえば、蒸気機関車をディーゼル機関車に改造した例も多い。これは「静岡鉄道」「仙北鉄道」「頸城鉄道自動車」などで行われている。動力構造がまったく異なり、活用できるのは動輪や台枠ぐらいのものだが、管轄官庁への手続きは新製車両導入より改造の方が簡単だったようだ。経営規模の小さな「軽便鉄道」ならではのエピソードだ。

こうして存続に向けて地道な努力を重ねていったが、元より輸送力の小さな「軽便鉄道」では昭和30年から急速に発達していったモータリゼーションには打ち勝つことができなかった。１９５６（昭和31）年度の『地方鉄道軌道統計年表』では、６１０ミリ（同統計では６０９ミリと表記）が32・１７６キロ、７６２ミリが５１１・２３５キロ、

1971（昭和46）年3月末で幕を閉じた井笠鉄道。名残を惜しむ人が大勢押し掛けた

９１４ミリが11・6キロとなっていた。

当時、旅客営業もしていたのは「根室拓殖鉄道」「十勝鉄道」「士別軌道」「小坂鉄道」「花巻電鉄」「富士製鉄（釜石鉱山鉄道）」「仙北鉄道」「仙台鉄道」「日本硫黄沼尻鉄道部」「九十九里鉄道」「西武鉄道山口線」「草軽電気鉄道」「栃尾電鉄」「頸城鉄道自動車」「関西電力（現・黒部峡谷鉄道）」「尾小屋鉄道」「三井金属鉱業（神岡鉄道）」「静岡鉄道駿遠線」「遠州鉄道奥山線」「三重交通各線（現・三岐鉄道北勢線、四日市あすなろう鉄道）」「西大寺鉄道」「下津井電鉄」「井笠鉄道」「住友金属工業（別子鉱山鉄道）」「日鉱佐賀関鉄道」といったところで、北海道から九州まで各地に残っていたが、昭和30年代から次々と廃止され、昭和40年代にはほぼ消えてしまった。

21世紀となった今、ナローゲージの「軽便鉄道」として存続しているのは、７６２ミリの「三岐鉄道北勢線」「四日市あすなろう鉄道」「黒部峡谷鉄道」だけで、その営業距離は合計でもわずか47・5キロとなっている。

簡単な法律だった「軽便鉄道法」

本書のテーマとしている「軽便鉄道」を法律として規定したのが「軽便鉄道法」だ。1910（明治43）年に施行された全文を改めて読んでみよう。

国立公文書館に保管されている原文は「朕帝国議会ノ協賛ヲ経タル軽便鉄道法ヲ裁可シ茲ニ之ヲ公布セシム　睦仁」で始まり、「内閣総理大臣　侯爵　桂太郎」「内務大臣　法学博士　男爵　平田東助」「逓信大臣　男爵　後藤新平」らの署名が続いている。その後、条例本文が始まる。

明治四十三年四月二十日　法律第五十七号

「軽便鉄道法」

第一条　軽便鉄道ヲ敷設シ一般運送ノ用ニ供セムトスル者ハ　左ノ書類及図面ヲ提出シ　主務大臣ノ免許ヲ受クヘシ

一　起業目論見書

二　線路予測図

三　敷設費用ノ概算書

四　運送営業上ノ収支概算書

第二条　主務大臣ハ公益上必要ト認ムルトキハ　免許ニ条件ヲ付スルコトヲ得

第三条　免許ヲ受クタル者ハ　免許ニ指定シタル期限内ニ線路実測図、工事方法書及工費予算書ヲ提出シ　主務大臣ノ認可ヲ受クヘシ　但シ会社ニ在リテハ定款ヲ添付

スルコトヲ要ス
第四条　線路ハ之ヲ道路上ニ敷設スルコトヲ得ス　但シ必要ナル場合ニ於テ主務大臣ノ許可ヲ受ケタルトキハ此ノ限リニ在ラス
第五条　私設鉄道法第二十条、第四十一条、第四十二条、第五十三条乃至第五十五条及第八十条ノ規定ハ軽便鉄道ニ之ヲ準用ス
第六条　鉄道営業法ハ軽便鉄道ニ之ヲ準用ス
第七条　明治四十二年法律第二十八号ハ軽便鉄道ノ抵当ニ之ヲ準用ス
第八条　本法ニ依リ運送ノ業ヲ為ス者ニ対シテハ命令ノ定ムル所ニ依リ鉄道船舶郵便法ヲ準用ス

附則
本法施行ノ期日ハ勅令ヲ以ッテ之ヲ定ム
本法施行前免許又ハ特許ヲ受ケタル鉄道及軌道ニシテ将来本法ニ依ラザルモノハ主務大臣之ヲ指定ス

（明治43年10月5日発行『新鉄道法令集』より。旧漢字は常用漢字、一部わかち書きに変更）

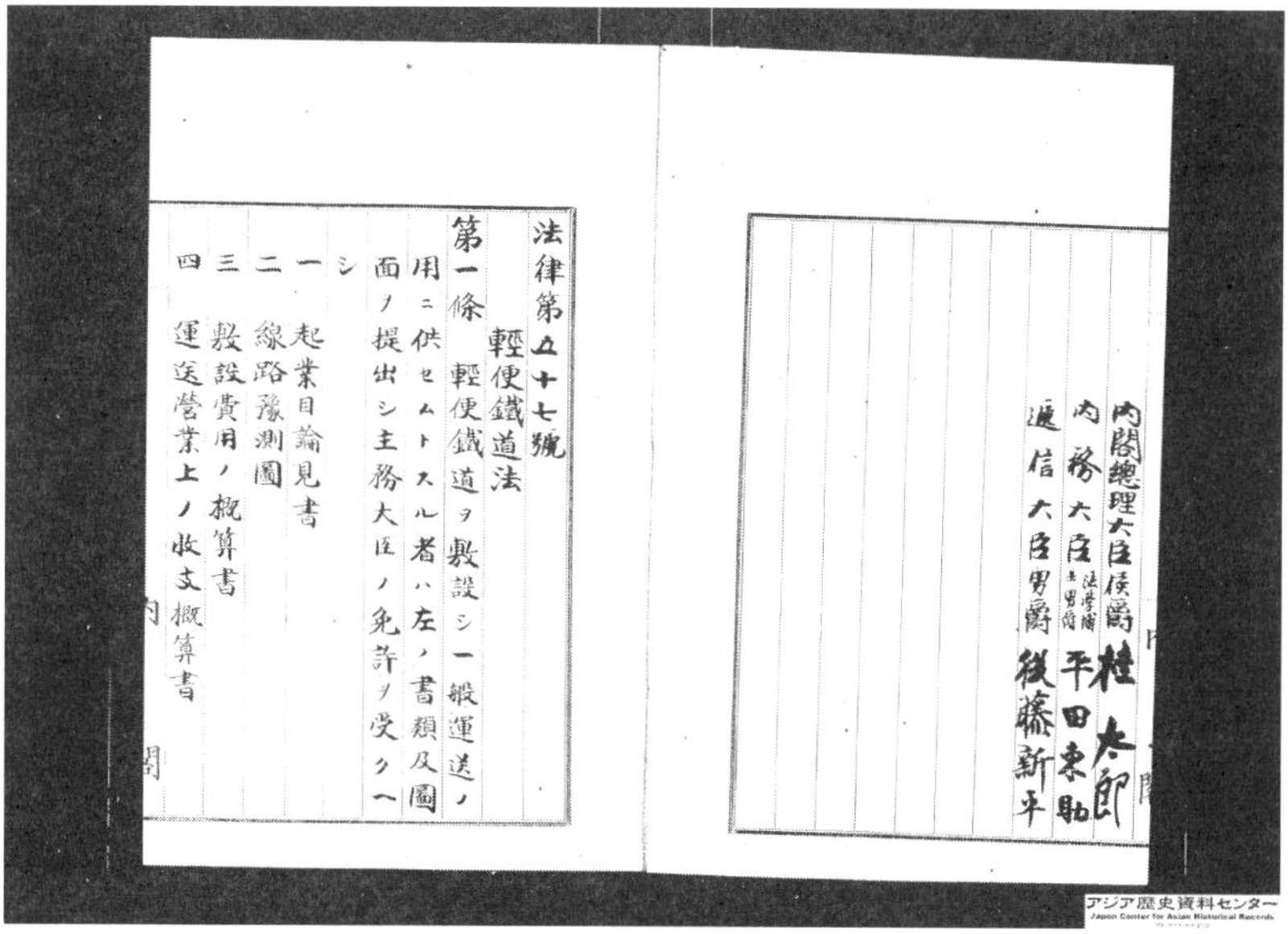
内閣總理大臣侯爵 桂太郎
内務大臣法學博士男爵 平田東助
遞信大臣男爵 後藤新平

法律第五十七號
輕便鐵道法
第一條　輕便鐵道ヲ敷設シ一般運送ノ用ニ供セムトスル者ハ左ノ書類及圖面ヲ提出シ主務大臣ノ免許ヲ受クヘシ
一　起業目論見書
二　線路豫測圖
三　敷設費用ノ概算書
四　運送營業上ノ收支概算書

法律第五十七号として公布された「軽便鉄道法」（所蔵：国立公文書館）

「軽便鉄道法」は全8条からなる法律だ。第五条に「私設鉄道法」からの準用条文7条が織り込まれているが、これを加えても14条に過ぎない。ちなみにこの時代の鉄道建設を制定した「私設鉄道法」は98条にもわたり微細を規定した法律となっており、それに比べたら極めて簡素だ。

第一条は申請に向けた必要書類や手続きを示しているが、そもそもここに「軽便鉄道」の定義はない。「私設鉄道法」では申請者を「株式会社」としているが、「軽便鉄道法」では申請者の規定がない。第三条に「会社なら定款を添えろ」とあるだけだ。また、必要書類は4項目となっているが、「私設鉄道法」では細かく定められ、「公共の利益になること示す調書」も求められている。

第三条に期限や手続きが示されているが、実は「私設鉄道法」では仮免許を出し、その後に本免許と2段階の手続きを踏んでいくが、「軽便鉄道法」では問題がなければ1回で免許が与えられた。

第四条は、すでに専用の用地を走る「鉄道」と道路を併用する「軌道」の概念が分けられており、「軽便鉄道法」はあくまでも「鉄道」であることを示している。ただし、用地取得や建設工事の簡便さなどから道路の併用に対しても道を開いているのだ。

第五条は「私設鉄道法」からの準用だが、準用される条文は次の通りだ。

第二十条　主務大臣ハ会社ノ会計ニ関スル準則ヲ設クルコトヲ得

第四十一条　左ノ揚クルモノヲ以テ鉄道用地トス

一　線路用地

二　停車場、信号所及車庫、貨物庫等ノ建設ニ要スル土地

三　鉄道構内ニ職務上定住ヲ要スル鉄道員ノ舎宅　及運輸保線ニ従事スル鉄道員ノ駐在所等ノ建設ニ要スル土地

四　鉄道ニ要スル車両、器具ヲ修理製作スル工場　及其ノ資材器具ヲ貯蔵スル倉庫ノ建設ニ要スル線路ニ沿イタル土地

線路用地ノ幅員ハ築堤、切取、架橋等工事ノ必要ニ応

シ工事方法書モ依リ之ヲ定ム
第四十二条　線路、橋梁、架線、溝渠ニ関スル工事ノ施設ハ所管官庁ノ許可ヲ受クヘシ
第五十三条　政府又ハ政府ノ許可ヲ受ケタル者ニ於テ会社ノ鉄道ニ接続シ　若ハ之ヲ横断シテ鉄道ヲ敷設シ又ハ会社ノ鉄道ニ接近シ　若ハ之ヲ横断シテ道路、橋梁、溝渠　若ハ運河ヲ造設スルトキハ会社ハ之コレヲ拒ムコトヲ得ス
第五十四条　前条ノ場合ニ於テ設備ノ共用又ハ変更ニ要スル費用ノ負担ニ付　双方ノ協議調ハサルトキハ申請ニ因リ主務大臣之ヲ裁定ス
前項ノ裁定ハ終局トス
第五十五条　農工商業者ガ其ノ産物、商品輸送ノ為敷設スル鉄道ヲ会社ノ鉄道ニ接続セシムルコヨヲ求メタルトキハ　会社ハ正当ノ事由ナクシテハ之ヲ拒ムコトヲ得ス
第八十条　会社カ法令ノ規定又ハ免許、許可　若ハ認可ニ附シタル条件ニ違反シ　又ハ法令ニ基キ発スル命令ヲ尊守セス　其ノ他公益ヲ害スヘキ行為ヲ為シタルトキハ主務大臣ハ左ノ処分ヲ為スコトヲ得

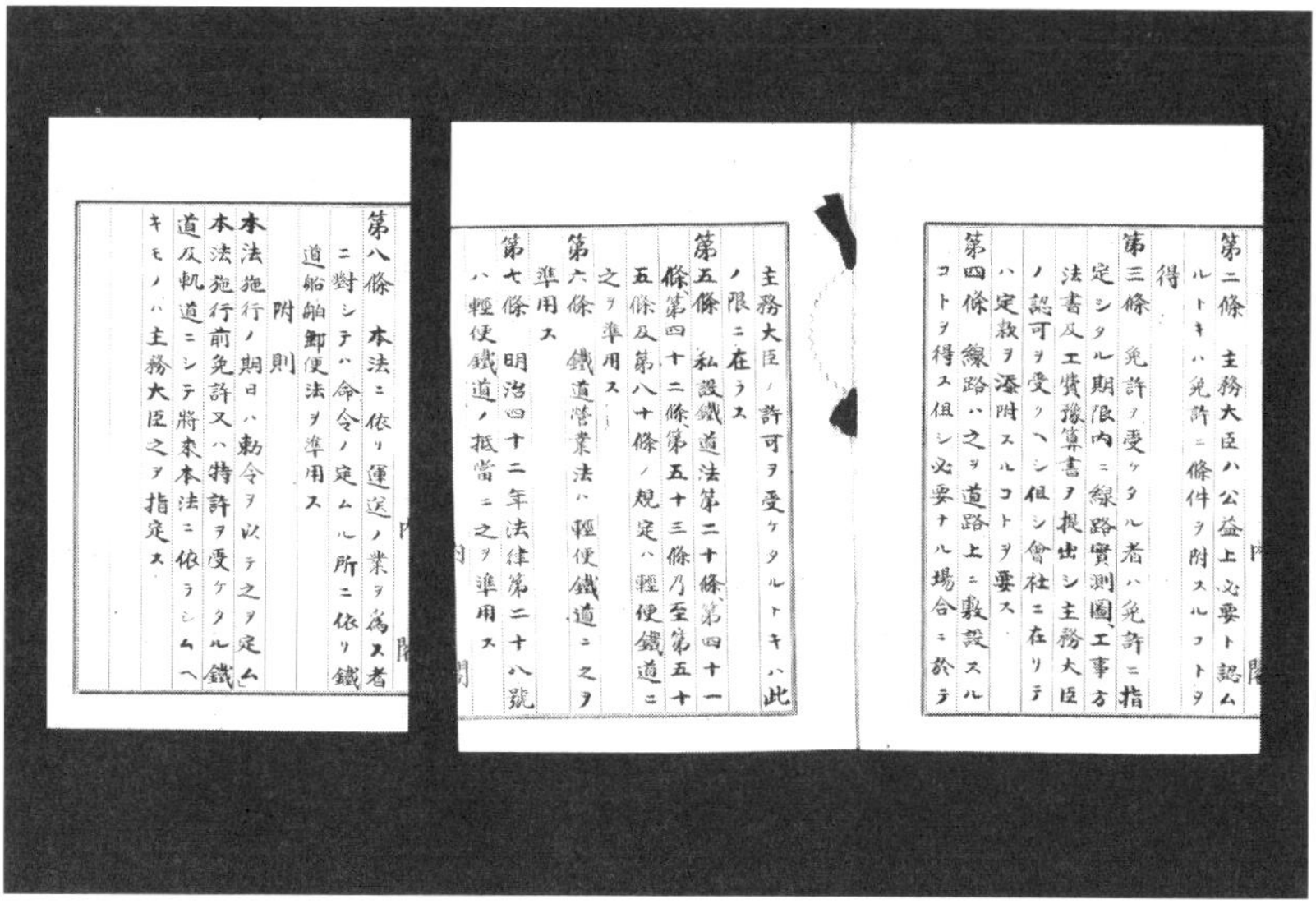
第二條　主務大臣ハ公益上必要ト認ムルトキハ免許ニ條件ヲ附スルコトヲ得
第三條　免許ヲ受ケタル者ハ免許ニ指定シタル期限内ニ線路實測圖、工事方法書及工費豫算書ヲ提出シ主務大臣ノ認可ヲ受クヘシ但シ會社ニ在リテハ定款ヲ添附スルコトヲ要ス
第四條　線路ハ之ヲ道路上ニ敷設スルコトヲ得ス但シ必要ナル場合ニ於テ主務大臣ノ許可ヲ受ケタルトキハ此ノ限ニ在ラス
第五條　私設鐵道法第二十條、第四十一條、第四十二條、第五十三條乃至第五十五條及第八十條ノ規定ハ輕便鐵道ニ之ヲ準用ス
第六條　鐵道營業法ハ輕便鐵道ニ之ヲ準用ス
第七條　明治四十二年法律第二十八號ハ輕便鐵道ノ抵當ニ之ヲ準用ス
第八條　本法ニ依リ運送ノ業ヲ爲ス者ニ對シテハ命令ノ定ムル所ニ依リ鐵道船舶郵便法ヲ準用ス
附則
本法施行ノ期日ハ勅令ヲ以テ之ヲ定ム
本法施行前免許又ハ特許ヲ受ケタル鐵道及軌道ニシテ將來本法ニ依ラシムヘキモノハ主務大臣之ヲ指定ス

「軽便鉄道法」は条文としては第八条まで。111 ページに紹介した第一条から正味わずか 4 ページで終わってしまう（所蔵：国立公文書館）

「軽便鉄道法」によって大正初期に開業、昭和40年代まで運行した井笠鉄道

一　取締役其ノ他ノ役員ヲ解任スルコト
二　官設鉄道又ハ他ノ会社ヲシテ会社ノ計算ヲ以テ運輸ヲ為サシムコト
三　免許ノ一部又ハ全部ヲ取消スコト
前項ノ規定ニ依リ解任セラレタル取締役其ノ他ノ役員ハ再任セラルルコトヲ得ス

（明治43年10月5日発行『新鉄道法令集』より。旧漢字は常用漢字、一部わかち書きに変更）

文字量からすれば「軽便鉄道法」条文より多いが、ここでも「私設鉄道法」が事細かに定められていたことが判る。第二十条は経理の規定だが、オリジナルの「私設鉄道法」では前後数条でかなり細かく規定されているが、「軽便鉄道法」ではとりあえず「ちゃんとやりなさい」程度の話となっている。

第四十一条は鉄道用地の規定で、これも細かく定めている。ただし、常識的な列挙でこれを準用するのは当たり前の話だ。

静岡鉄道の駿遠線は「軽便鉄道法」によって開業した藤相鉄道と中遠鉄道を繋ぐかたちで全通した。晩年の同線では蒸気機関車をディーゼル機関車に改造した無骨な車両が活躍していた。誰が言いだしたのか、軽便ファンの間では「蒙古の戦車」と呼ばれていた（撮影：下島啓亨）

第四十二条は重要部分の工事については事前に許可をとりなさいということ。

第五十三条から第五十五条にかけては鉄道をはじめ他の交通機関との連携を示したものだ。

最後の第八十条は違反時の対応について記したもので、取締役の解任から最終的には免許の取り消しも記されている。

なお、「私設鉄道法」では第四十条に「軌間ハ特許ヲ得タルモノヲ除クノ外三呎六吋トス」として記され、軌間は3フィート6インチ（1067ミリ）を基本とする旨が記されているが、「軽便鉄道法」では軌間そのものに対する条文がない。

もっともあまりに簡素な「軽便鉄道法」だけでは、鉄道の建設は始まらず、1910（明治43）年8月2日付で「軽便鉄道法施行規則」が施行されている。

「軽便鉄道」発展に寄与した「軌道条例」

明治二十三年八月二十三日　法律第七十一号

「軌道条例」

第一条　一般運輸交通ノ便ニ供スル馬車鉄道及其他之ニ準スヘキ軌道ハ　起業者ニ於テ内務大臣ノ特許ヲ受ケ之ヲ公共道路上ニ布設スルコトヲ得

第二条　馬車鉄道及其他之ニ準スヘキ軌道布設ノ為　起業者ノ負担ヲ以テ　在来ノ道路ヲ取拡シ又ハ更生シ　若ハ新ニ軌道敷ヲ設クルノ必要アルトキハ　之ニ要スル土地ハ起業者ニ於テ土地収用法ノ規定ニ依リ、内閣ノ認定ヲ経テ之ヲ収用スルコトヲ得

前述の「軽便鉄道法」制定前、軽便鉄道的な鉄道を建設する際の指針となったのは1890（明治23）年に制定された「軌道条例」という法律だった。

民間の鉄道に対する法律は1887（明治20）年に公布された「私設鉄道条例」があったが、これは日本の基幹となる幹線鉄道を想定したもので、都市内または近郊の鉄道にはそぐわなかった。そのため、「私設鉄道条例」の想定外の鉄道に対して補うものとして「軌道条例」が制定されている。ただし、当時は鉄道黎明期。法律をつくる側にも鉄道に対する想像力が低かったこともあり、極めて簡素な法律となっている。

第三条　在来ノ道路ヲ取拡メ　又ハ更正シタル部分及新設シタル軌道敷ハ　倶ニ道路敷ニ編入ス

条文はわずか3条、「私設鉄道条例」で定められていた軌間の規定もない。ちなみに「私設鉄道条例」では第一条に馬車鉄道を除外しており、「軌道条例」は馬車鉄道あるいはそれに準じた簡素な鉄道をイメージしていたと思われる。さらに「軌道条例」では道路上への線路敷設を認め、ここに道路整備も負担させようといった思惑も感じられる。

さすがにこの3条だけでは鉄道建設は困難で、「軌道条例取扱方心得」を内務省の訓令として制定、線路から車両など細かく定めているが、軌間に対しては「軌間ハ内寸何尺トス」として特許を得る際の報告が義務付けられているだけだ。ちなみに「私設鉄道条例」では特別な許可を得ない場合は「三呎六吋」（3フィート6インチ、1067ミリ）と定められている。

ともあれ、この「軌道条例」により一般的な「鉄道」と馬車鉄道などの「軌道」を区分けする認識が生まれたのだ。

日本の「軌道」では当初馬車鉄道を基本に想定していたが、1895（明治28）年には京都電気鉄道により、日本初の路面電車が登場することになった。これにより「軌道」では電車運行も認めることになり、運転速度の規定などが新たに加えられている。その後、電気以外の原動力も認めることとなり、1898（明治33）年に蒸気、1902（明治37）年に石油発動車などの内燃も認められることとなった。

日本の「鉄道」の原動力は、蒸気で始まり、電気や内燃へと発展していったが、「軌道」は馬力あるいは人力で始まり、電気が登場、蒸気はその後から入ってきたのだ。動力進化の流れに比較的短距離の輸送機関として誕生した「軌道」ならではの特徴を感じさせる。

こうして蒸気や内燃機関の導入で「軌道」の可能性が飛躍的に広がった。

日本の鉄道は明治期に大きく発展していくが、官設鉄道あるいは私設鉄道として建設された幹線となる鉄道は建設費が嵩んだ。それゆえ、運行成績が良くても、儲けが少なかった。

これは中央本線の前身となる甲武鉄道などへの参画で知られる鉄道事業家・雨宮敬次郎にとっても悩みどころだっ

た。そこで雨宮は建設費が廉価な「軌道」の活用を思い立つ。まず、小田原～熱海間で豆相人車鉄道を建設、1896（明治29）年までに全通させた。これは「軌道条例」に特許を得た人車軌道だった。しかし、人力では経費がかかり、輸送力も知れている。そこで動力化を決心、当初は石油発動車を試みたが、最終的に蒸気機関車の導入に行きついた。輸送量、所要時間、そして運営経費も満足のいく結果が得られた。

この成功を機に雨宮は大日本軌道株式会社を築き、蒸気機関車で運行する762ミリ軌間の「軌道」を展開した。豆相人車鉄道は蒸気化によって熱海鉄道と社名を変更していたが、これを運営する小田原支社をはじめ、福島、静岡、浜松、伊勢、広島、山口、熊本と全国に支社を設けて同規格の「軌道」を展開していったのだ。「軌道条例」はファジーな法律だったゆえ、こうした活用も可能だったのである。

ちなみに「私設鉄道条例」は1900（明治33）年に「私設鉄道法」として法的な整備が進んだが、「軌道条例」は1924（大正13）年に「軌道法」となるまでそのまま使われた。実はこの間に「軽便鉄道法」が制定されている。

なお、起業者に与えられる免許に対して「私設鉄道条例」や「私設鉄道法」、のちの「地方鉄道法」では「免許」、「軌道条例」や「軌道法」では「特許」と異なっている。特許というと、一般には発明などの特許権をイメージするが、行政法上の使い分けとされている。簡単にいえば「免許」は「一般には許されない特定の行為を特定の者が行えるようにすること」とされ、それに対して「特許」は「権利能力、行為能力等を新たに設定すること」とされている。

「軌道条例」の条文は1919（大正8）年に「軽便鉄道法」を改める形で誕生した「地方鉄道法」の制定後、関連項目が2条追加されたが、基本は大きく変わらなかった。

1924（大正13）年には「軌道法」が制定されて「軌道条例」は廃止されるが、この「軌道法」は「軌道条例」と「軌道条例取扱方心得」を合体して法的な整備をはかったものだ。その後、時代に合わせて現在までに19件もの改正が行われ、地下鉄やモノレール、新交通システムなども管轄する法律として現在も活用されている。「軽便鉄道」の後押しとなった「軌道条例」の流れをくみ、新時代の鉄道システムを根付かせていく重要な法律なのだ。

「熱海鉄道」は「大日本軌道小田原支社」として新たな運営が始まった（所蔵：静岡県立中央図書館）

「大日本軌道」は各地に支社を展開したが、浜松支社の中ノ町線では単端式レールバスを導入（『写真集明治大正昭和浜松　ふるさとの想い出』（国書刊行会刊）より　所蔵：国立国会図書館）

国鉄にもあった「軽便鉄道」

国鉄にもあった「軽便鉄道」

ナローゲージの「軽便鉄道」というと国鉄には無縁の存在のようにも思えるが、実は皆無ではなく、いくつか使われてきた実績がある。

❶「軽便鉄道法」によって建設された国鉄路線
❷買収私鉄路線に「軽便」を冠した路線
❸買収私鉄路線のうち狭軌だった路線

一般に営業された路線はこの3つのパターンで、国鉄では「狭軌軽便線」とも呼ばれていた。

なお、このほかにも工事用として建設されたケースもあった。短期間で完了する工事の場合、簡易なトロッコだったが、長期にわたる工事では一般の「軽便鉄道」に変わらぬ規模のものもあった。

「軽便鉄道法」によって建設された国鉄路線

国鉄線の建設は1892（明治25）年に制定された「鉄道敷設法」、さらに4年後に別途制定された「北海道鉄道敷設法」によって行われた。

ここで予定線とされた路線は大半が幹線級の路線だった。地方路線の場合、私鉄にゆだねる目論見だったが、実際には起業者が現れない地域もあった。そこで本来は私鉄向けだった「軽便鉄道法」を拡大解釈することで国鉄に適用、「高規格である必要がなく地元に起業者がいないか将来的に有望な路線」に限って、帝国議会の予算承認を得るだけで建設できる「軽便線」の制度を導入したのだ。

これにより北海道・本州・四国・九州に22路線の軽便線が建設されることになった。このうち北海道の「**湧別軽便線（留辺蘂軽便線）**」の留辺蘂～遠軽～社名淵（のち湧別）間だけが762ミリで建設されたが、ほかはすべて1067ミリとなった。従来の線路網との連絡をはかるには軌間の違いは不便であり、1067ミリの選択は順当だろう。ちなみに「軽便鉄道法」には軌間の決まりはなく、1067ミリを採用することには何ら問題はなかったのである。

この湧別軽便線は「北海道鉄道敷設法」で「天塩国奈与呂（名寄）ヨリ北見国網走ニ至ル鉄道」と予定されていた。ただし、財政面から「軽便鉄道法」による建設に切り替えられたのである。

道央から網走に向かう鉄道は、1907（明治40）年の根室本線（当時は釧路線）旭川～釧路間全通を受け、途中の池田を起点に網走線として建設が始まった。1911（明治44）年には野付牛（現・北見）まで開通、のちに池北線と呼ばれる区間が完成、翌年には網走まで通じている。

湧別軽便線はこの網走線の途中の野付牛を起点として建設が始まった。

当初、1067ミリで建設されているが、1912（大正元）年の留辺蘂開業を待たずにその先は762ミリとすることが決まった。ここには難所として知られる常紋越えがあり、地形は険しい。それゆえ工事費や工期の削減が望める762ミリを採用したように思われる。

ただし、将来的に1067ミリに改軌することを考慮し、トンネル断面や主な橋梁は1067ミリに合う規格とされた。また、改軌してしまえば762ミリ用の車両は使えなくなる。トータルで見て、どの程度の経費削減効果があったのだろうか疑問が残る。

途中の常紋トンネル工事では多大な犠牲も出したが、1914（大正3）年10月5日には留辺蘂～下生田原（現・安国）を開通、ここで留辺蘂軽便線と改め、翌年11月1日には遠軽を経て社名淵（のち湧別）まで開通している。

国鉄が建設した「軽便線」(762㎜および1067㎜)

線名	現在または晩年の線名	軌間	軽便線時代の区間	開通年	備考
湧別軽便線	石北本線	1067㎜	野付牛(現・北見)〜留辺蘂	1912	石北本線の一部
〃	石北・名寄本線	762㎜	留辺蘂〜遠軽〜社名淵(のち開盛)	1914〜1915	1916年に1067㎜へ改軌、石北・名寄本線(現廃止)の一部
〃	名寄本線	1067㎜	社名淵(のち開盛)〜下湧別(のち湧別)	1915〜1916	名寄本線(現廃止)の一部
万字軽便線	万字線	1067㎜	志文〜万字炭山	1914	1922年、万字線(現廃止)と改称
岩内軽便線	岩内線	1067㎜	小沢〜岩内	1912	1922年、岩内線(現廃止)と改称
京極軽便線	胆振線	1067㎜	倶知安〜京極	1919	1922年に京極線と改称、のち胆振線(現廃止)の一部
上磯軽便線	江差線	1067㎜	五稜郭〜上磯	1913	1922年に上磯線と改称、のち江差線(現・道南いさりび鉄道)の一部
大湊軽便線	大湊線	1067㎜	野辺地〜大湊	1921	1922年、大湊線と改称
黒石軽便線	黒石線	1067㎜	川部〜黒石	1912	1922年、黒石線と改称、のち弘南鉄道黒石線(現廃止)
船川軽便線	男鹿線	1067㎜	追分〜船川(現・男鹿)	1913〜1916	1922年、船川線と改称。のち男鹿線に改称
橋場軽便線	田沢湖線	1067㎜	盛岡〜橋場	1921〜1922	1922年、橋場線と改称。のち田沢湖線に改称
生保内線	田沢湖線	1067㎜	大曲〜神代	1921	1922年、生保内線と改称。のち田沢湖線に改称
西横黒軽便線	北上線	1067㎜	横手〜黒沢	1920〜1921	1922年、西横黒線に改称。のち横黒線を経て北上線に改称
東横黒軽便線	北上線	1067㎜	黒沢尻(元・北上)〜和賀仙人	1921	1922年、東横黒線に改称。のち横黒線を経て北上線に改称
左沢軽便線	左沢線	1067㎜	山形〜左沢	1921〜1922	1922年、左沢線と改称
長井軽便線	長井線	1067㎜	赤湯〜長井	1913〜1914	1922年に長井線と改称、現・山形鉄道フラワー長井線
真岡軽便線	真岡線	1067㎜	下館〜茂木	1912〜1920	1922年に真岡線と改称、現・真岡鐵道
因美軽便線	因美線	1067㎜	鳥取〜用瀬	1919	1922年に因美線と改称、現・因美線の一部
倉吉軽便線	倉吉線	1067㎜	上井(現・倉吉)〜倉吉(のち打吹)	1912	1922年に倉吉線と改称、倉吉線(現廃止)の一部
根雨軽便線	伯備線	1067㎜	伯耆大山〜伯耆溝口	1919	開業時は伯備線と改称
小松島軽便線	小松島線	1067㎜	徳島〜小松島	1913	1922年に小松島線(現廃止)と改称、一部は牟岐線に編入
犬飼軽便線	豊肥本線	1067㎜	大分〜犬飼〜三重町	1914〜1921	1922年に犬飼線と改称、豊肥本線の一部
宮地軽便線	豊肥本線	1067㎜	熊本〜宮地	1914〜1918	1922年に宮地線と改称、豊肥本線の一部
山野軽便線	山野線	1067㎜	栗野〜山野	1921	1922年に山野線と改称、山野東線を経て山野線(現廃止)に改称
細島軽便線	細島線	1067㎜	富高(現・日向市)〜細島	1921	1922年に細島線(現廃止)と改称

湧別軽便線　機関車は当線用にドイツから輸入したコッペル製のケ200形(所蔵:函館市中央図書館)

この先は再び1067ミリとして建設工事が進められ、並行して762ミリ区間の改軌工事も行われた。

1916（大正5）年11月7日には改軌完了（この折、留辺蘂軽便線から湧別軽便線に名称を再度改称）、同月21日には社名淵（のち湧別）〜下湧別（のち湧別）間も開業、湧別軽便線は全線開通となったのである。

湧別軽便線は1922（大正11）年9月2日に湧別線と改めた。実は1919（大正8）年の「地方鉄道法」制定で「軽便鉄道法」が廃止されている。従来の「軽便鉄道」は「地方鉄道」と変わり、遅ればせながら国鉄では「軽便線」の呼称をやめることになったのだ。同日付で国鉄ではすべての路線で軽便線の呼称を改めている。

湧別軽便線以外の1067ミリで建設された国鉄の軽便線は「鉄道敷設法」にも記載されないローカル支線が多かった。その後、秋田新幹線のルートとなる田沢湖線、中国横断の伯備線、九州横断の豊肥本線の前身となったものもあるが、国鉄晩年には赤字ローカル線と呼ばれ、廃止あるいは転換されてしまったものが多い。

買収私鉄路線に「軽便」を冠した路線

明治末期の「鉄道国有法」による17社のほかにも、さまざまな理由で私鉄線が国有化され、国鉄線として運営された。このうち、大正期に買収した私鉄のうち「軽便鉄道法」によって建設された路線は湧別軽便線のように「軽便線」と呼び分けていた。これは6社7路線ある。ただし、そのうちの5路線は1067ミリで、ナローゲージの軽便線は2路線だけだ。いずれも762ミリを採用している。

◇仙北軽便線（仙北軽便鉄道）

現在、JR東日本によって運行されている石巻線の前身は「仙北軽便鉄道」を買収して誕生した「仙北軽便線」だ。

仙北軽便鉄道は「軽便鉄道法」施行後、東北地方では馬車鉄道から転換した釜石軽便鉄道に次いで開業した鉄道だ。東北本線の小牛田と石巻を結び、1912（大正元）年10月28日に762ミリで開業している。

業績は旅客・貨物とも順調に伸びていったが、逆に小牛田での荷物の積み替えが滞る事態となり、政府は仙北軽便鉄道を買収して1067ミリに改軌することにした。

1919（大正8）年4月に買収、国鉄の仙北軽便線となった。翌年5月には1067ミリに改軌、1921（大正10）年1月1日には「石巻軽便線」と改称している。実は同年7月5日に「仙北鉄道」という新たな「軽便鉄道」が開業しており、この鉄道名と近似することを避けるためだったと思われる。さらに翌年「石巻線」となっている。

◇魚沼軽便線（魚沼鉄道）

もうひとつの762ミリ路線は、「魚沼鉄道」を国有化した「魚沼軽便線」である。

魚沼鉄道は新潟県下の来迎寺と小千谷を結ぶ鉄道として1910（明治43）年2月に「私設鉄道法」によって出願した。ただし、経営規模の制約もあり、同法に定められた1067ミリではなく762ミリで申請している。政府は特例として「政府が必要と認めた時には速やかに1067ミリへと改軌する」ことを約束させて、これを認めた。

この年の4月には「軽便鉄道法」が公布され、同年8月3日から施行となった。9月7日に開かれた同社設立総会では「本式ノ鉄道」よりも「軽便鉄道」の方が経済的と判断され、急遽、軽便鉄道への変更を願い出ている。これが認められ、無事着工となった。

1911（明治44）年8月には全線竣工、9月14日から営業運転を開始している。開業は新米の出荷に合わせた設定で、初年度は約2千トンだったが、翌年度には約1万4千トンと増え、最盛期は約3万6千トンを超える勢いだった。さらに1918（大正7）年には信濃川の砂利運搬も実施、これが功をなし全国の私鉄中で第二位となる記録的な高配当も行っている。

ただし、この砂利輸送の多くは上越線の建設工事に向けたものだった。上越線は1920（大正9）年に宮内〜東小千谷間が上越北線として開通、徐々に延伸を重ねていった。それに比例するように魚沼鉄道の業績は落ち込んでいく。魚沼鉄道では廃止を決断、政治的なロビー活動によって国に買収させることにも成功した。1922（大正11）

国鉄が買収した私鉄のうちの「軽便線」を名乗ったもの（762㎜および1067㎜）

鉄道名	買収時の国鉄線名	軌間	買収区間	買収年	備考
仙北軽便鉄道	仙北軽便線	762㎜	小牛田〜石巻	1919	1920年に1067㎜へ改軌、1921年に石巻軽便線と改称、1922年に石巻線と改称
魚沼鉄道	魚沼軽便線	762㎜	来迎寺〜小千谷	1922	買収年中に魚沼線（現廃止）と改称。休止期を経て、1954年に1067㎜へ改軌
中越鉄道	氷見軽便線	1067㎜	城端〜高岡〜伏木〜氷見	1920	1922年に氷見線と改称。城端〜伏木間は中越線を経て城端線。1942年に氷見線・城端線の接点を高岡に変更
中越鉄道	新湊軽便線	1067㎜	能町〜新湊	1920	1922年に新湊線に改称。1951年に旅客廃止
有馬鉄道	有馬軽便線	1067㎜	三田〜有馬	1919	1922年に有馬線（現廃止）と改称
美祢軽便鉄道	美禰軽便線	1067㎜	伊佐〜重安	1920	1922年に美禰線（現・美祢線）に改称
宮崎県営鉄道	妻軽便線	1067㎜	宮崎〜広瀬〜妻	1917	1920年に宮崎〜広瀬間を宮崎本線（現・日豊本線）に編入、1922年に残りの区間を妻線（現廃止）に改称

「魚沼鉄道」時代の列車。客車は二軸の小型車が使われている（『写真集明治大正昭和小千谷　ふるさとの想い出』（国書刊行会刊）より　所蔵：国立国会図書館）

年６月15日に無事買収され、国鉄の「魚沼軽便線」となったのである。そして同年９月には「魚沼線」となる。

私鉄買収で誕生した国鉄の狭軌軽便線は、おおむねすぐに１０６７ミリに改軌されたが、魚沼線は７６２ミリのまま営業を続けた。戦局の悪化により１９４４（昭和19）年10月で運行休止となるが、線路は残された。戦後の一時期、７６２ミリのまま貨物専用で運行再開となったが、旅客営業再開は１９５４（昭和29）年８月１日となる。同時に１０６７ミリへの改軌も行われ、魚沼線は国鉄最後の狭軌軽便線となったのである。

結果として「仙北軽便線」は「軽便鉄道」ならではの輸送力不足、あるいは直通運転できないという短所の解消をめざす改軌だった。また「魚沼軽便線」は至近に輸送力の大きな鉄道ができてしまうと「軽便鉄道」では太刀打ちできなくなってしまう例となった。今日、新幹線が開業すると並行在来線の問題が取りざたされるのと同じである。これがナローゲージの「軽便鉄道」が抱える弱点なのである。

買収私鉄路線のうち狭軌だった路線

これは前項の仙北軽便鉄道や魚沼鉄道と同じ経緯だが、国有化の時期が昭和期に入っていたため、「軽便線」の名称を使わなかったものである。苫小牧軽便鉄道をはじめ、北海道・本州・四国・九州に10もの私鉄が買収され、わずかな期間だがナローゲージのまま運行されている。

◇日高線（苫小牧軽便鉄道・日高拓殖鉄道）

日高本線の苫小牧〜静内間も「狭軌軽便線」として運行されていた時期がある。

苫小牧〜佐瑠太（のち富川）間は「苫小牧軽便鉄道」からの買収路線だ。その前身は王子製紙の専用鉄道である。

明治期、苫小牧では製紙工場が開かれ、ここで使用する木材運搬用として苫小牧〜鵡川間に762ミリの馬車鉄道

国鉄が買収した私鉄のうちの狭軌鉄道（762㎜）

鉄道名	買収時の国鉄線名	軌間	買収区間	買収年	備考
苫小牧軽便鉄道	日高線	762㎜	苫小牧〜佐瑠太（のち富川）	1927	苫小牧軽便鉄道、日高拓殖鉄道を同時に国有化、1929〜1931年に1067㎜へ改軌
日高拓殖鉄道	日高線	762㎜	佐瑠太（のち富川）〜静内	1927	
岩手軽便鉄道	釜石線	762㎜	花巻〜仙人峠	1936	1943〜1949年に1067㎜へ改軌
千葉県営鉄道	久留里線	762㎜	木更津〜久留里	1923	1930年に1067㎜へ改軌
東濃鉄道	太多線	762㎜	新多治見〜広見	1926	1928年に1067㎜へ改軌
両備鉄道	福塩線	762㎜	両備福山（福山）〜府中	1934	1935年に1067㎜へ改軌。国有化時、両備鉄道の一部区間は存続
愛媛鉄道	愛媛線	762㎜	長浜町（現・伊予長浜）〜大洲（現・伊予大洲）	1933	1935年に1067㎜へ改軌。同年、予讃本線（現・予讃線）に編入
宇和島鉄道	宇和島線	762㎜	宇和島〜吉野（現・吉野生）	1933	1941年に1067㎜に改軌。この折、起点を北宇和島に改め、1945年に予算本線（現・予讃線）が宇和島まで全通。1974年、予土線に改称
佐世保鉄道	松浦線	762㎜	上佐世保〜世知原のほか支線	1936	1943〜1944年に支線も含め1067㎜へ改軌。1945年に支線を世知原線、臼ノ浦線、柚木線と独立。支線は現廃止、本線は松浦鉄道西九州線の一部
宮崎県営鉄道・軌道	油津線	762㎜	飫肥〜油津など	1935	1941年に1067㎜に改軌、志布志線（現廃止）に編入。1963年、日南線の延伸で旧油津区間は日南線に編入
大隅鉄道	古江線	762㎜	古江〜串良	1935	1938年に1067㎜に改軌。1972年、延伸によって大隅線（現廃止）

が建設された。明治末期には輸送力増強で蒸気動力化。並行して延伸の免許も得ているが、これは日高本線の苫小牧〜鵡川〜佐瑠太〜浦河間となるものだった。

苫小牧〜佐瑠太間の蒸気による運行は１９１０（明治43）年から始まったが、これを機に一般の旅客・貨物営業も行うことになり、１９１３（大正２）年10月から「苫小牧軽便鉄道」と体制を変更した。ただし、佐瑠太より先は未成線として残った。

地元ではこの先の延伸をはかるため、新たに「日高拓殖鉄道」を設立した。苫小牧軽便鉄道の延伸路線ということで軌間は７６２ミリを採用したが、１９２２（大正11）年の「改正鉄道敷設法」では「胆振国苫小牧ヨリ鵡川、日高国浦河、十勝国広尾ヲ経テ帯広ニ至ル鉄道」として計画案に入っていたため、用地や構造物は１０６７ミリへの改軌に備えておくことが条件付けられた。

１９２４（大正13）年に佐瑠太〜厚賀間で開業、１９２６（大正15）年12月には静内まで延伸した。

その後、「改正鉄道敷設法」による静内から先の建設が具体化し、１９２７（昭和２）年８月１日付で苫小牧軽便鉄道および日高拓殖鉄道が同時に買収され、国鉄の日高線（のち日高本線）となった。

それから２年後、まず苫小牧〜佐瑠太間が１０６７ミリとなり、１９３１（昭和６）年11月には残りの区間も改軌完了、日高線の狭軌軽便線時代は終わった。

◇釜石線（岩手軽便鉄道）

花巻〜釜石間の釜石線の前身となるのが「岩手軽便鉄道」だ。宮沢賢治の小説『銀河鉄道の夜』のモチーフとなった鉄道で、賢治は岩手軽便鉄道そのものを描いた作品も数多く残している。

岩手県では東北本線の開通により内陸平野部の通行が便利になったが、三陸地方となる太平洋岸へは北上山地にはばまれ、その行き来は困難だった。明治期には釜石に近代的な製鉄所も設けられたが、その移送はもっぱら航路に頼っていたのである。明治末期には盛岡市の実業家らが集まり、花巻から釜石へ連絡する７６２ミリの岩手軽便鉄道の計画を立てる。当時、「鉄道敷設法」には記載されていなかったが、政府も同様の計画を持っており「国有化の際は政府の指定価格に従う」という条件付きで許可した。

岩手軽便鉄道は1913（大正2）年に花巻〜土沢間で開業、徐々に延伸を重ね、1915（大正4）年11月には花巻〜仙人峠間が開通した。その距離は40・7哩（約65・4キロ）。当時の日本では最長となるナローゲージの「軽便鉄道」だった。

この先に仙人峠が控えていたが、地形は険しく鉄道建設はとん挫してしまう。海側の大橋〜釜石間は馬車鉄道にルーツを持つ鉱山鉄道があった。仙人峠駅と大橋駅の距離はわずか4キロだったが、ここに約300メートルもの高低差があったのだ。結局、この間は索道による連絡としたが、これは貨物に限定。乗客は乗ることができず、険しい山道を徒歩、あるいは江戸時代のような駕籠を使って連絡した。

買収後、この間には1067ミリの線路が通じたが、今乗車してもよくぞ線路を敷いたと思わせる車窓が広がる。

1922（大正11）年の「改正鉄道敷設法」では「岩手県花巻ヨリ遠野ヲ経テ釜石ニ至ル鉄道」と記された。岩手軽便鉄道としては仙人峠越えを果たせず、国鉄への買収請願を始めた。それから10余年、1936（昭和11）年8月1日付でようやく買収され、釜石線となったのである。

ただし改軌は先送りされ、1943（昭和18）年に花巻側の一部で始まった。花巻市内では線路位置も大きく変わり、改軌ではなく新線建設となっている。その後も改軌は進められたが、完了は仙人峠を超えて釜石線全通となった1950（昭和25）年10月10日のことだった。

◇久留里線（千葉県営鉄道）

久留里線の木更津〜久留里間は「千葉県営鉄道」を前身とするものだ。大正時代、道路事情の悪かった千葉県では、陸上交通を補う目的で、久留里線（762ミリ）のほか、柏〜野田間（1067ミリ、現・東武野田線の一部）、成田〜八日市場間・三里塚〜八街間（600ミリ、現廃止）、大原〜大多喜間（1067ミリ、現・いすみ鉄道の一部）に県営鉄道を建設・運営している。ただし、県では経費負担

岩手軽便鉄道に導入された南満州鉄道安奉線の機関車。アメリカのボールドウィン製（『安奉線改築工事記念写真帖』より　所蔵：国立国会図書館）

名古屋の「リニア・鉄道館」に展示されているケ90形は東濃鉄道〜太多線で使用された機関車。のちに雨宮製作所となる大日本軌道鉄工部で製造されている

が厳しかったこともあり、昭和初期までに譲渡された。

久留里線は1067ミリへの改軌も考慮した構造として1912（大正元）年12月28日に開業した。その後、1923（大正12）年9月1日付での国有化が決まった。ところがこの日の正午近く、関東大震災が発生、久留里線も大きな被害を受けた。当然のことながら運営は国に移管済みだったため、復旧は鉄道省が担当した。関東全域の震災復旧に莫大な人力と経費が掛かったこともあり、久留里線の改軌は1930（昭和5）年8月となっている。

◇太多線（東濃鉄道）

太多線の多治見〜可児（旧・広見）間は「東濃鉄道」を前身とするものだ。

東濃鉄道は中央本線の多治見と可児地域を結ぶ鉄道として発足、1918（大正7）年に762ミリで新多治見〜広見（現・可児）間を開業している。

1922（大正11）年の「改正鉄道敷設法」では「愛知県名古屋ヨリ岐阜県太田ニ至ル鉄道」として多治見〜美濃

太田間となる太多線の建設が具体化する。まず、東濃鉄道が1926（大正15）年に国有化されて太多線となった。その後、多治見～広見（現・可児）間の1067ミリ改軌を進めると共に広見～美濃太田間の建設に着工、1928（昭和3）年10月1日に太多線が全通している。改軌もこれと同時の竣工となっている。

◇福塩線（両備鉄道）

福塩線の福山側は「両備鉄道」を前身とするものだ。

両備鉄道は両備軽便鉄道として1911（明治44）年に設立、1914（大正3）年に両備福山～府中町（現・府中）間で開業している。ちなみに両備福山は山陽本線の福山駅とは200メートルほど離れ、福山城の東側を北上するルートだった。これは国有化後の1067ミリへの改軌時、現在の福塩線ルートに改めている。

1926（大正15）年には「両備鉄道」と改称したのち、福山市内を流れる芦田川上流で行われていた水力発電の活用をめざし、1927（昭和2）年6月に両備福山～府中町間を直流750ボルトで電化した。

両備鉄道の買収も「改正鉄道敷設法」によるもので、時代が昭和に入ったころから福山～三次間の福塩線全通をめざす声が大きくなり、1933（昭和8）年9月1日付で国有化された。ちなみに国鉄の「狭軌軽便線」での電化は当線が唯一だった。

◇愛媛線（愛媛鉄道）

現在の予讃線の一部となる伊予長浜（元・長浜町）～伊予大洲（元・大洲）間は「愛媛鉄道」を前身とするものだ。

愛媛鉄道は松山と八幡浜を結ぶ鉄道として計画された。当初、この頃から電気事業を始めていた伊予鉄道にならい西予電気軌道（1435ミリ）としたが、「電車は短距離に使うものだ。長距離なので軽便鉄道に改めよ」といった指導が入り、1067ミリの愛媛鉄道と変更して免許を得た。

しかし大正期に勃発した第一次世界大戦の影響を受けて計画を大幅に縮小、長浜港を起点に内陸部に位置する内子や大洲と結ぶ路線に改め、軌間も762ミリとした。

1918（大正7）年2月に長浜町（現・伊予長浜）〜大洲（現・伊予大洲）間を開業、2年後には若宮分岐点（現・伊予若宮信号場）から内子に向かう支線も開通している。

大正時代、現在の予讃線となる鉄道の建設が進み、これに愛媛鉄道を組み入れることになった。1933年（昭和8）年10月1日付で愛媛鉄道を国有化して、愛媛線とした。この時、内子に向かう支線も愛媛線となったが、1935（昭和10）年10月の1067ミリ改軌時、この区間は内子線と改められた。

◇宇和島線（宇和島鉄道）

現在の予土線の一部となる北宇和島〜吉野生（元・吉野）間は「宇和島鉄道」を前身とするものだ。

1914（大正3）年10月に宇和島〜近永間で開業、しばらくしてから延伸に着手し、1923（大正12）年12月に宇和島〜吉野（現・吉野生）間を全通している。

国有化は先述の愛媛鉄道と同時で、1933年（昭和8）年10月1日付で宇和島線となった。1067ミリへの改軌は現在の予讃線となる鉄道の進捗に合わせて行われ、1941（昭和16）年7月に実施されている。

◇松浦線（佐世保鉄道）

現在、松浦鉄道西九州線として運行される旧国鉄松浦線の吉井から佐世保側は「佐世保鉄道」を前身とするものだ。

佐世保鉄道は、佐世保の北側に点在する炭鉱と相浦港あるいは臼ノ浦港を結ぶ炭鉱鉄道的な役割のもとに計画された。当初は1425ミリの電気鉄道として計画、鉄道名は「佐世保電気軌道」とされている。ただし、この仕様は石炭輸送には不向きと判断され、1067ミリの蒸気鉄道に変更、さらに建設費削減などから762ミリとされた。

建設は相浦を起点として始まり、1920（大正9）年3月に相浦〜柚木間で運行を開始した。続いて翌年10月には途中の大野（現・左石）〜上佐世保（現廃止。現・松浦鉄道北佐世保付近）間も完成した。

すでに国鉄の佐世保駅はあった（九州鉄道によって1898年開業）が、佐世保の市街地が形成されていたため、

宇和島鉄道（『日本国有鉄道百年史⑥』交通協力会刊より）

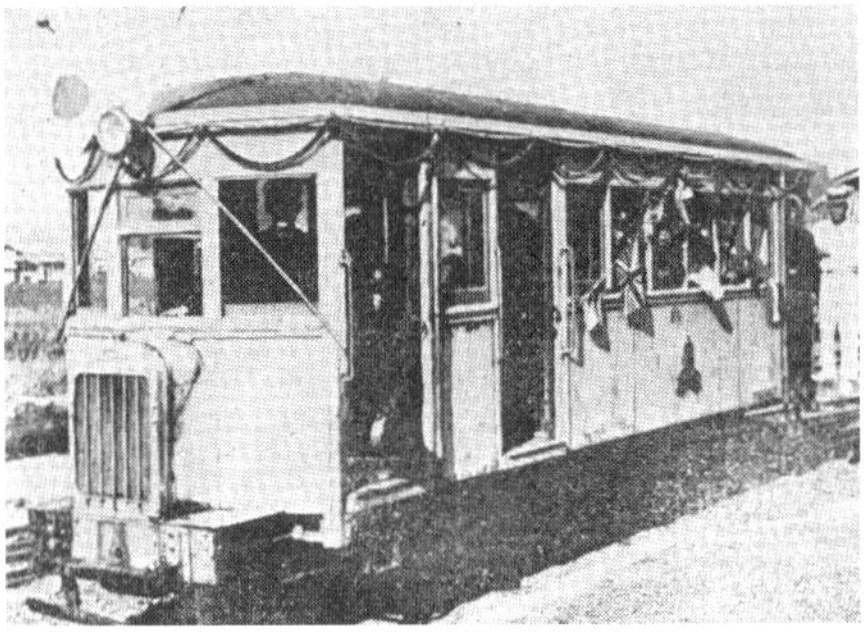

宮崎県営軽便鉄道の気動車（『日本国有鉄道百年史⑥』交通協力会刊より）

3キロほど離れた上佐世保を佐世保側の拠点とせざるを得なかった。ここに本社や機関庫も設置している。

時代が昭和となってから相浦〜柚木間の途中にあった実盛谷（現廃止。現・松浦鉄道本山付近）から臼ノ浦（現廃止）および佐々に向かう路線の建設にかかり、1931（昭和6）年に相次いで開業している。佐々から先は世知原に向かう岡本彦馬専用鉄道（762ミリ、蒸気）があり、これを買収。これにより柚木↓相浦港に合わせて世知原↓臼ノ浦港という石炭輸送ルートを2本完成させたのである。

なお、佐世保鉄道で最後に竣工した四ツ指〜佐々間の開業は1931（昭和6）年12月27日となったが、これは戦前に新規開業した762ミリの「軽便鉄道」としては最後の路線である。

このころ、現在の松浦鉄道西九州線となる国鉄松浦線は伊佐線として伊万里から平戸口に達し、佐世保に向かって建設を進めていた。佐世保鉄道の一部がそのルートにあたることから、1936（昭和11）年10月1日付で国有化。同時に左石〜柚木間、四ツ指〜臼ノ浦間、肥前吉井〜世知原間も石炭輸送の重要路線として合わせて買収され、柚木線、臼ノ浦線、世知原線となった。

1067ミリへの改軌は一部区間を新線に切り変える工事と合わせて進められ、まず1943（昭和18）年に北佐世保～左石～相浦間などが竣工、全線の竣工は1945（昭和20）年3月1日となった。太平洋戦争中の戦局苛烈な時期だったが、旧日本海軍の佐世保鎮守府に関わる重要路線として鉄道連隊も派遣されて工事が進められたのである。

◇油津線（宮崎県営鉄道・軌道）

日南線の飫肥付近の路線は「宮崎県営鉄道・軌道」を前身とするものだ。宮崎県内の国鉄線は建設がなかなか進まなかったが、県勢の振興に鉄道が必要不可欠と判断し、県自ら鉄道・軌道の建設を進めている。

路線は宮崎～妻間（妻線、1067ミリ）、飫肥～油津間（飫肥線、762ミリ）の鉄道線、飫肥線の星倉（飫肥付近。現廃止）を起点として大藤（北郷～内之田間。現廃止）に至る軌道線（762ミリ）が建設された。

762ミリの飫肥線は1913（大正2）年、軌道線は1932（昭和7）年に開業した。

1922（大正11）年の「改正鉄道敷設法」では、宮崎県下の鉄道計画も俎上に上がり、そのひとつの「鹿児島県国分ヨリ高須、志布志、宮崎県福島ヲ経テ内海附近ニ至ル鉄道」が飫肥線や軌道線のルートに入った。それにより宮崎県営鉄道飫肥線と軌道線は1935（昭和10）年7月1日付で国有化され、油津線となった。

その後、志布志を起点とした志布志線の建設が進み、それに合わせて改軌（一部は新線切り替え）を実施、1941（昭和16）年10月28日に竣工している。同日、志布志線ともつながったことで油津線は志布志線と改称された。

◇大隅線（大隅鉄道）

国鉄晩年に廃止された大隅線（志布志～鹿屋～国分）の一部（串良～鹿屋～古江）は「大隅鉄道」が前身だった。

大隅鉄道は鹿児島湾に面した古江と内陸の鹿屋を結ぶ「南隅軽便鉄道」として創立。1915（大正4）年7月に高須～鹿屋間を762ミリで開業、古江および串良に向けて延伸を重ねた。この間、鉄道名を大隅鉄道と改称、1921（大正10）年8月に古江～串良間を全通している。

大隅鉄道も宮崎県営鉄道飫肥線・軌道線と同じ「改正鉄道敷設法」の計画で国鉄線の一部となることが決まり、1935（昭和10）年6月1日付で国有化された。当初は古江線となったが、国鉄線建設の進捗によって古江西線となり、1938（昭和13）年10月の改軌完了時に古江東西線を合わせて古江線と再改称されている。

1972（昭和47）年には「改正鉄道敷設法」で計画された国分まで完成、全区間を大隅線と改めたが、15年後には国鉄再建をめざす改革で廃止されてしまった。

国鉄の工事向けにつくられた軽便線

国鉄では新線などの建設工事で軽便線を活用してきたが、大規模で長期にわたる工事では簡易的なものではなく、本格的な鉄道として敷設されたものもある。

◇東海道本線丹那トンネル建設工事

1934（昭和9）年に開通した東海道本線丹那トンネル（熱海～函南間）の建設工事は、1918（大正7）年に着工、16年をかけた大工事となった。

『丹那隧道工事誌』によると、この工事に向けて熱海側では相模湾に面した和田浦から東口まで1・95キロ、函南側では駿豆鉄道（現・伊豆箱根鉄道駿豆線）の大場駅から西口まで4・0キロの軽便線（軌間762ミリ）が敷設され、資材運搬にあたっている。トンネル着工前の1916（大正5）年に着工、1918（大正7）年に竣工した。ちなみに駿豆鉄道では同年8月に三島町～大場間を電化しているが、これもトンネル工事の資材輸送に合わせたものだ。

東口の軽便線は全長こそ短かったが、この間に70メートルもの高低差があり、最急勾配は35・7パーミルに達している。ここでは単純な線形ではなく、最急半径80メートルのくねくねとしたワインディングロードで乗り越えていた。鉄道ファンの間では「Ωループ」とも呼ばれ、過酷な線形である。一方、西口は25パーミルに抑えられ、最急半径も160メートルと比較的緩やかだった。

清水トンネル工事の軽便鉄道ではクレーン車やなベトロも使われた（『上越線水上石打間工事誌 第3巻』所蔵：国立国会図書館）

丹那トンネルの工事用軽便線では、湧別軽便線から転じたケ200形も使用された

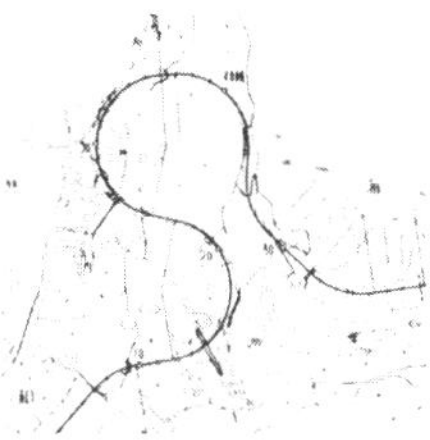

丹那トンネル工事に使う東口の軽便線ではΩループもあった（2点とも『丹那隧道工事誌』より　所蔵：国立国会図書館）

西口は輸送力増強のため国鉄線〜駿豆鉄道〜西口へと直通運転できるよう1922（大正11）年に1067ミリへと改軌されたが、東口は熱海線として国府津から延伸してきた路線（現・東海道本線）が熱海に到達（1925／大正14年3月25日）するまで762ミリのまま使われ、同年11月までに撤去されている。

◇上越線清水トンネル建設工事

丹那トンネルに続く大きな工事は清水トンネルを含む上越線の建設工事だった。トンネルの着工は1922（大正11）年、開通は1931（昭和6）年となっている。この時、上越線は南北に分かれており、上越南線は渋川、上越北線は越後堀之内まで到達したところだった。

全5巻からなる『上越線水上石打間工事誌』によると、南北共に762ミリの軽便線を使い、資材輸送にあたっている。南側は渋川〜沼田間で運行されていた東京電灯（元・利根軌道）の762ミリの電気軌道を活用、沼田〜土合間に25・5キロの軽便線を敷設した。大半が県道上に敷設する軌道となり、最急勾配は碓氷峠並みの66・7パーミル、

橋梁は簡易的な木組も使われていた（『上越線水上石打間工事誌 第3巻』より　所蔵：国立国会図書館）

清水トンネル工事に向けて建設された工事線では本格的な鉄道の様相を見せる区間もあった（『上越線水上石打間工事誌 第3巻』より　所蔵：国立国会図書館）

清水トンネル用の軽便鉄道ではアメリカ製のガソリン機関車も使用された（『上越線水上石打間工事誌 第3巻』より　所蔵：国立国会図書館）

最急半径は20メートルというものだった。

北側は越後湯沢まで三国国道を活用することで越後湯沢〜土樽間9・5キロの軽便線を敷設した。こちらは上越線本線との併用区間もあったが、独立した区間では最急勾配40パーミル、最急半径は120メートルとなっていた。

共に1923（大正12）年末に竣工、翌年4月から定期的な運行を開始している。これらは運行距離が長く、作業員の輸送もあったため、ちゃんとした客車も導入して本格的な軽便鉄道のような姿で運行されている。

上越南線は1926（大正15）年に後閑まで、1928（昭和3）年に水上まで延伸しているが、それに合わせて軽便線も短縮されていった。清水トンネルは1929（昭和4）年12月に貫通、仕上げ工事に入った。1067ミリの線路敷設も終えた翌年12月で軽便線は南北線とも使命を終え、清水トンネル開業よりも半年ほど早く撤去された。

ナローではない「軽便鉄道」もあった

国鉄の軽便鉄道でも紹介したが、私鉄の中でも社名に「軽便鉄道」と折り込みながら、1067ミリやそれより広い軌間を採用したものもあった。

実は名称に「軽便鉄道」を織り込んだ会社は、営業開始までこぎつけたもので40もの登記があった。このうち、本書のターゲットとするナローゲージの軽便鉄道は23社で、残りの17社は大半が1067ミリを採用していたのだ。ここでも「軽便鉄道」イコール「狭軌鉄道」というわけではないことがわかる。

例えば、群馬県の「岩鼻軽便鉄道」は、貨物専業だったので馴染みが薄いが、岩鼻に設置された旧帝国陸軍の火薬工場へ資材輸送が主な目的だった。国鉄高崎線と貨車を直通させる引き込み線のような鉄道で、それゆえ1067ミリを採用したのだ。自前では機関車も持たず、運行は国鉄が行っていた。現在の「第三種鉄道事業」のような鉄道だったのである。コンパクトな所帯で、当時の鉄道建設法規となる「私設鉄道法」では管理が大変だったため、岩鼻軽便鉄道は「軽便鉄道法」によって敷設、社名にも「軽便鉄道」をうたったと考えられる。

変わったところでは、新幹線などと同じ1435ミリを採用した兵庫県の「新宮軽便鉄道」もあった。「軽便鉄道」としてはもっとも広い軌間を採用した例となる。登記上は「軽便鉄道法」による「鉄道」だが、実態としては「軌道」だった。実は当鉄道の網干側で1909（明治42）年に開

狭軌以外の私鉄軽便鉄道

鉄道名	所在地	期間	区間	開通年	備考
岩鼻軽便鉄道	栃木県	1067㎜	倉賀野〜上州岩鼻	1917	廃止後、通称「JR 倉賀野貨物駅」に活用
富山軽便鉄道	富山県	1067㎜	富山（現・電鉄富山）〜南富山〜笹津(のち電鉄笹津)	1914	富山鉄道などを経て富山地方鉄道へ。電鉄富山〜南富山間は富山地鉄不二越線、南富山〜電鉄笹津間は富山地鉄笹津線（現廃止）
長良軽便鉄道	岐阜県	1067㎜	長良（のち長良北町）〜高富	1913	美濃電気軌道を経て名鉄高豊線（元廃止）
岐北軽便鉄道	岐阜県	1067㎜	北方〜忠節	1914	美濃電気軌道を経て名鉄揖斐線（元廃止）の一部
加太軽便鉄道	和歌山県	1067㎜	和歌山口〜加太	1912	加太電気鉄道を経て南海加太線
野上軽便鉄道	和歌山県	1067㎜	日方〜野上	1916	野上電気鉄道（現廃止）に改称
山東軽便鉄道	和歌山県	1067㎜	大橋〜山東（現・伊太祈曽）など	1916	和歌山鉄道、南海などを経て、和歌山電鐵貴志川線の一部
新宮軽便鉄道	兵庫県	1435㎜	播電觜崎〜新宮町	1915	播州水力電気鉄道などを経て播電鉄道（現廃止）
篠山軽便鉄道	兵庫県	1067㎜	篠山町〜弁天（篠山）	1915	篠山鉄道（現廃止）に改称
別府軽便鉄道	兵庫県	1067㎜	野口〜港口、別府港〜土山	1921	別府鉄道（現廃止）に改称
一畑軽便鉄道	島根県	1067㎜	出雲今市（現・電鉄出雲市）〜一畑など	1914	一畑電気鉄道を経て一畑電車
宇部軽便鉄道	山口県	1067㎜	宇部〜宇部新川など	1914	宇部鉄道などを経て国鉄宇部線（現 JR）
小野田軽便鉄道	山口県	1067㎜	小野田〜セメント町（現・小野田港）	1915	小野田鉄道を経て国鉄小野田線（現 JR）
美禰軽便鉄道	山口県	1067㎜	伊佐〜重安	1916	国有化で国鉄美禰線（現・JR 美祢線）
鞍手軽便鉄道	福岡県	1067㎜	香月〜野面	1915	帝国炭業、筑豊鉄道などを経て現廃止
温泉軽便鉄道	長崎県	1067㎜	愛野村〜千々石	1923	温泉鉄道を経て雲仙鉄道（現廃止）へ
宮崎軽便鉄道	宮崎県	1067㎜	赤江（現・南宮崎）〜内海	1913	宮崎鉄道、宮崎交通を経て、国鉄日南線の一部に活用（現 JR）

業した竜野電気軌道が１４３５ミリの電車運転を行っていた。そのため、新宮軽便鉄道は１９１５（大正４）年の開業時から竜野電気軌道に合わせた規格を採用したのである。

のちに新宮軽便鉄道は播州水力電気鉄道と改め、竜野電気軌道を買収、晩年は播電鉄道として網干港〜新宮町（姫新線播磨新宮駅のそば）間などを運行していた。しかし、１９３２年（昭和７）年に姫路駅を起点とした国鉄姫津線（現・姫新線）が播磨新宮まで延伸してくると競合により経営が厳しくなる。結局、播電鉄道は１９３４（昭和９）年で廃止されてしまった。

ほかの会社にしても「軽便鉄道法」に準拠して建設され、その状況を明確にするため、やはり社名に「軽便鉄道」を織り込んだのであろう。当時の「軽便鉄道」は時代の先端を行くもので、それを冠することがステータスだったのでもある。

さらに鉄道会社にとっては助成金という魅力もあった。「軽便鉄道法」によってつくられた「軽便鉄道」では「軽便鉄道補助法」による助成金を受けられるケースもあった。その申請の際も社名に「軽便鉄道」と入っていれば、「認可が有利に働くだろう」という思惑もあっただろう。

また、「軽便鉄道補助法」は政府が出す助成金だが、富山県では同法が施行された翌年、国家補助の対象とならない軽便鉄道および軌道に対して県独自の「軽便鉄道及軌道県補助規定」をつくっており、1067ミリの「富山軽便鉄道」や762ミリの「立山軽便鉄道」あたりもその助成金を受けているそうだ。

ただし、「軽便鉄道法」は1919（大正8）年に「地方鉄道法」に替わるかたちで廃止され、「軽便鉄道補助法」も「地方鉄道補助法」に切り替わった。もはや「軽便鉄道」を名乗る必要はなく、多くは社名を改称して「軽便」の文字を外している。

こうして「軽便鉄道」を冠して誕生した鉄道のうち、762ミリ以下の鉄道はすべて消えてしまったが、1067ミリ以上の鉄道では17社のうちの8路線が現在に続いている。

例えば山口県の「宇部軽便鉄道」「小野田軽便鉄道」「美禰軽便鉄道」は、JRの宇部線・小野田線・美祢線の一部として存続している。それぞれ国有化前から他社との合併などの経緯を持ち、現在の姿になるまでさまざまな変遷を経ているが、その一部は「軽便鉄道」にルーツを持つ路線だったのである。

また、富山地方鉄道不二越線、南海電気鉄道加太線、和歌山電鐵貴志川線、一畑電車なども「軽便鉄道」を前身とした路線だ。

JR美祢線は「美禰軽便鉄道」として建設された路線を延長して完成したものだ

COLUMN

小説や詩に表現された軽便鉄道

軽便鉄道」は小説や詩など文学作品のモチーフとしても登場しており、そこから往年の姿を想像するのも楽しみだ。筆者の独断で選んだ作品をいくつか紹介してみたい。

最初は夏目漱石の小説「坊っちゃん」。1895（明治28）年、愛媛県尋常中学校で教鞭をとった経験を元にした作品で、ここに数年前に開業した伊予鉄道の話が出てくる。これを縁に同鉄道は「坊っちゃん列車」も運行しているが、有名な割に鉄道を描写したシーンはわずかで「停車場はすぐ知れた。切符も訳なく買った。乗り込んでみるとマッチ箱のような汽車だ。ごろごろと五分ばかり動いたと思ったら、もう降りなければならない。道理で切符が安いと思った。たった三銭である。」とあるぐらい。しかし、明治期の軽便鉄道の姿が脳裏にありありと浮かび、さすがは漱石と思う。

志賀直哉も鉄道の表現された作品がいくつかあるが、1912（明治45）年にはその名もズバリの「軽便鉄道」という短編を発表した。これは小田原から熱海まで蒸気機関車による運行を開始した大日本軌道（前身は豆相人車鉄道↓熱海鉄道）の旅路を描いたもので、「へっついのような小さな機関車」という表現がある。「へっつい」とは台所に設けられた竈（かまど）のことで、しゃがんで調理した。それほど小ぶりな機関車という表現だったのである。それ以降、この機関車は愛好家に「へっつい」の愛称で呼ばれるようになった。

この鉄道は熱海鉄道時代に610ミリから762ミリに改軌しているが、この時の様子を描いたのが芥川龍之介の「トロッコ」だ。今読んでも子供たちのトロッコに対する憧れに共感する。

軽便鉄道をモチーフにした詩や童話を数多く残しているのは宮沢賢治だ。有名な「銀河鉄道の夜」や「シグナルとシグナレス」などは地元で運行されていた岩手軽便鉄道をモチーフにしているといわれ、直接的にこの鉄道を描いた「岩手軽便鉄道の一月」という作品もある。

伊予鉄道に復元された「坊っちゃん列車」

また、若山牧水の「みなかみ紀行」など軽井沢と草津温泉を結んでいた非電化時代の草津軽便鉄道が記され、電化後の草津電気鉄道や草軽電気鉄道時代の姿も多くの文人たちの作品となっている。

戦前に刊行されていた月刊『経済往来』に寄稿された寺田寅彦の「軽井沢」という随筆では「この車を引っぱる電気機関車がまた実に簡単で愉快なものである、大きな踏み台か、小さな地蔵堂のような格好をした鉄箱の中に機関手が収まっている。その箱の上に二本鉄棒を押し立てて、その頂上におもちゃの弓をつけたような格好のものである。」のように草軽が描かれている。物理学者でもあった寺田寅彦らしい克明な表現だ。掲載は1933（昭和8）年のことで、草津電気鉄道時代である。

信州を舞台とする作品で知られる堀辰雄の場合、軽井沢もしばしば舞台になるが、残念ながら草軽を感じさせるものは少ない。信越本線や小海線など鉄道が印象的なシーンもあるだけに残念だ。ただし、堀辰雄に師事した丸岡明は、小説「生きものの記録」で草軽を描いているが、「がたがたとレールの上を揺れながら、時々頓狂な警笛を鳴らし」「暫らく小高い山の裾をぐるぐると廻つた」などとその姿が目に浮かんでくる。

一般的な軽便鉄道だけでなく、森林鉄道も描かれている。林芙美子は晩年の作品として有名な「浮雲」執筆に向けて1950（昭和25）年に屋久島を取材訪問しているが、この時の様子が「主婦之友」の同年7月号に「屋久島紀行」として発表されている。当時の屋久島では「営林署の仕事をさしおいては何も語れない」として安房森林鉄道に便乗している。その時、トロッコを4両連結していたが、林芙美子は機関車の運転室に乗ったようだ。線路まわりの描写も興味深く、うっそうとした森の中を走る森林鉄道の情景が浮かんでくる。

小説や詩に表現された軽便鉄道

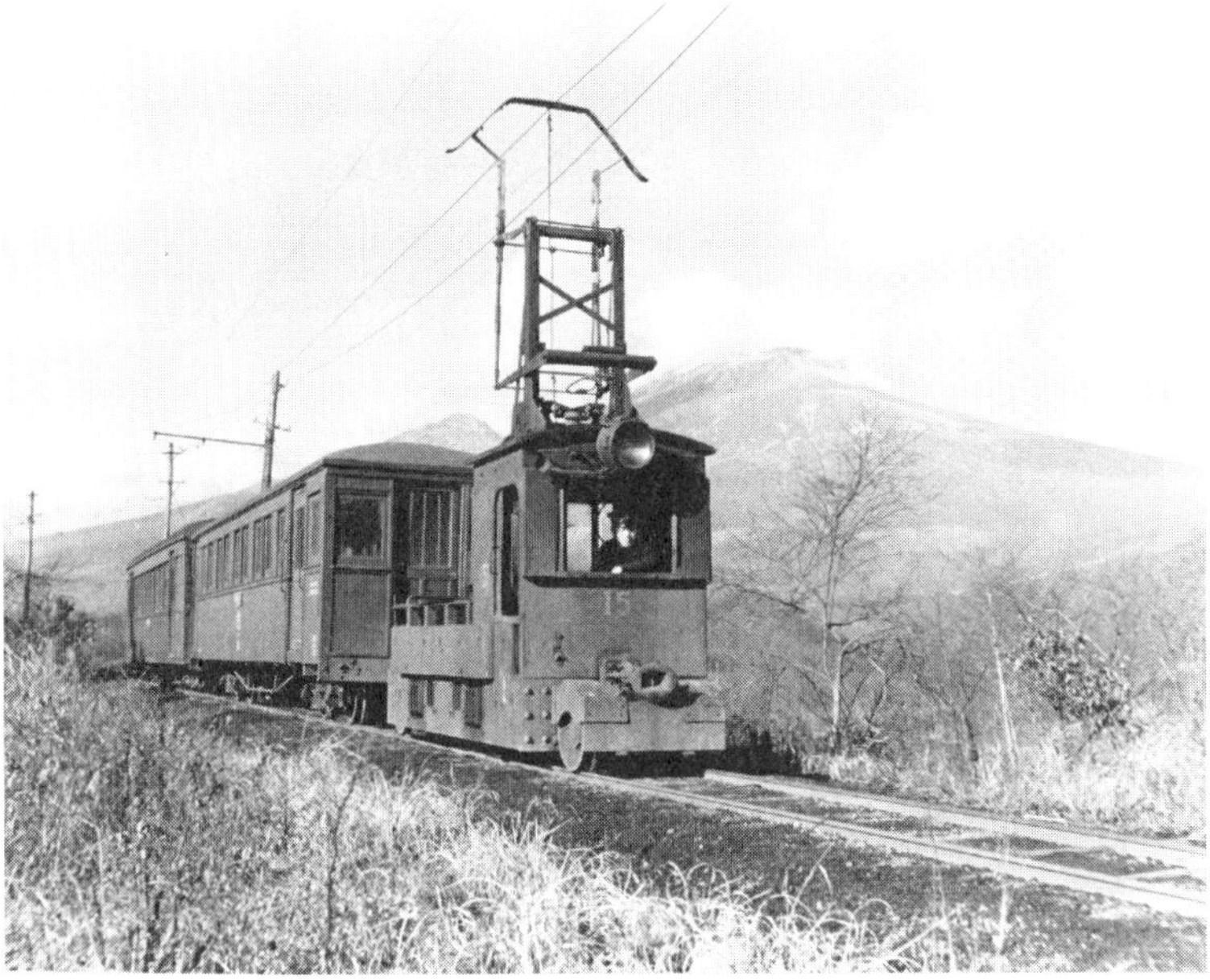

寺田寅彦の目に「小さな地蔵堂」と映った草津電気鉄道（のち草軽電気鉄道）の機関車（所蔵：軽井沢町立図書館）

第4章

現代版・軽便鉄道の楽しみ方

ウェブで探る「軽便鉄道」の楽しみ❶

文献調査

大半の「軽便鉄道」は過去のものとなってしまったが、今でもさまざまな方法でその痕跡をたどることができる。

❶文献 時刻表、鉄道要覧、官報、鉄道趣味誌など
❷地図
❸空中写真
❹現地踏査（廃線跡）

かつては古い文献や地図、航空写真については専門の図書館や資料館などに出向かねば閲覧できなかったが、今では多くの資料がインターネットで公開されており、自宅にいながらにして調査していくこともできるようになった。

鉄道ファンにとってなじみの深い文献といえば、やはり「時刻表」だろうか。残念ながら過去の時刻表となるとインターネットで公開されているものが極めて少ない。明治時代の官設鉄道や私設鉄道については『官報』にしばしば掲載されており、市販の時刻表も「国立国会図書館デジタルコレクション」で多少公開されている。しかし、「軽便鉄道」が台頭していた時代のものはなかなかない。大正期や昭和初期の時刻表については東京港区にある「旅の図書館」（公益財団法人日本交通公社が運営。https://www.jtb.or.jp/library/）あたりに出向かないと閲覧できない。

公式文書として役に立つのは、監督官庁の資料に基づいて編集された『鉄道要覧』が必見だ。戦後は『私鉄要覧』『民

「国立国会図書館デジタルコレクション」の利用法

国立国会図書館トップページ（https://www.ndl.go.jp/index.html）。「国会図書館」で検索しても行き当たる。トップページのキーワード欄に操作例として「鉄道」「要覧」（語句の間はスペースを入れて開ける）を記入。

国立国会図書館で所有する資料のリストが表示される（NDL　ONLINE）。書名の前のアイコンは資料の形態（冊子体、マイクロフィルム、その他など）を示し、さらに雲のマークが添えられているとオンライン閲覧が可能だ。このリストの中から『地方鉄道及軌道一覧』を選択、書名部分をクリックする。

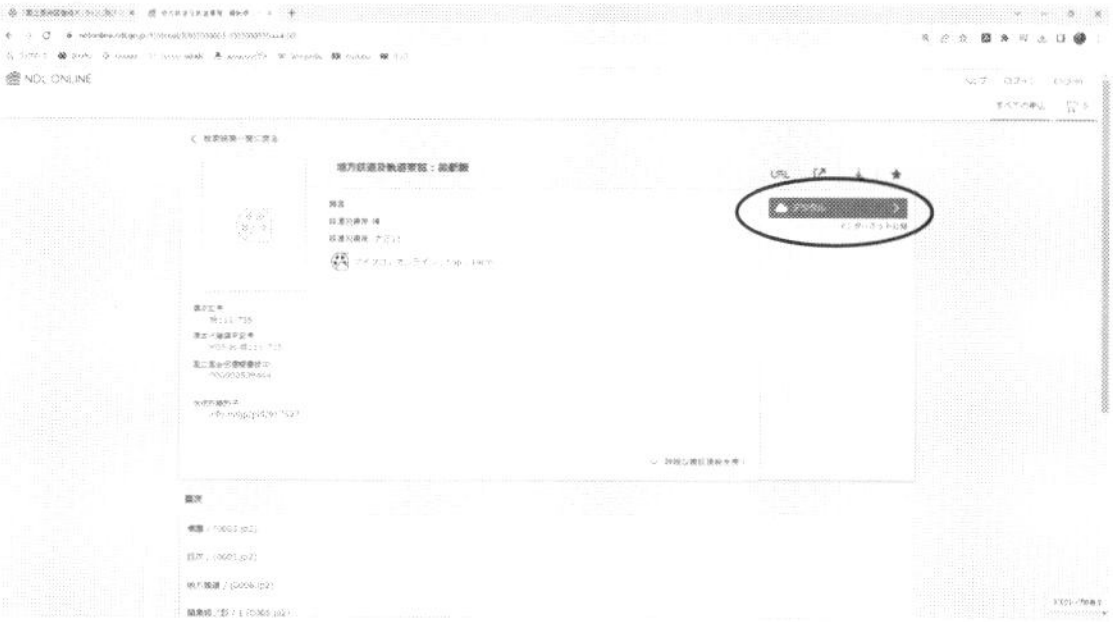

『地方鉄道及軌道一覧』の資料詳細が示される。鉄道図書局が大正 13 年に発行した資料とわかり、まさに「軽便鉄道」の全盛時代だ。ここで右側の「デジタル」アイコンをクリックする。「デジタル」アイコンは前の画面にも表示されており、そこで直接クリックしてもいい。

鉄要覧』を経て現行の『鉄道要覧』としてほぼ年度版にて市販されている。

「軽便鉄道」の台頭した時代は『地方鉄道一覧』『軌道一覧』『地方鉄道軌道一覧』といった名称でいくつか刊行されており、そのうちのいくつかは **「国立国会図書館デジタルコレクション」** で閲覧が可能だ。

国立国会図書館では21世紀初頭から同館にてデジタル化した資料（書籍などの画像のほか、音声・映像なども含む）のインターネット公開を開始、その資料は逐次追加されている。初期にマイクロフィルム化された資料は画質の点で難もあるが、２０２２年12月にサイトがリニューアルされ、自分で画質調整しながら閲覧・ダウンロードできるようになり、かなり改善された。

資料は著作権保護の制約から①ログインなしで閲覧可能、②送信サービスで閲覧可能、③国立国会図書館内限定の３段階に分けて提供されている。

明治・大正・昭和初期の資料はおおむね①とされて、だれでも自分のパソコンやスマホで自由に閲覧・ダウンロードできるが、中には②や③に指定された資料もある。

②の場合、国立国会図書館に利用登録（本登録）してIDを持っていれば、そこからログインして自分のパソコンで閲覧・ダウンロードできるが、ものによっては遠隔複写サービスによって印刷・郵送してもらわねば公開されない資料もある。もちろん③の資料については国立国会図書館に出向かねばならない。このほか、国立国会図書館と連携する公立図書館で閲覧可能なケースもある。

国立国会図書館の場合、ウエブサイトでのサービスも多岐にわたっているため、こうした資料の検索はなかなか難しいかもしれない。簡単にその流れを紹介しよう。

なお、検索のキーワードは「軽便鉄道」「軌道」「人車軌道」「馬車軌道」「森林鉄道」などが基本となるが、想像をたくましくしていろいろ試してみたい。

検索例としたのは１９２４（大正13）年に鉄道図書局によって編纂・発行された『最新版　地方鉄道及軌道要覧』だ。「鉄道」「要覧」をキーワードとして検索して１１３４件（２０２３年10月25日現在）がヒット、そのうちの1冊である。

本文は地方鉄道と軌道に分け、府県別（この時代は東京も「府」だった）に会社名、区間、営業距離、動力方式、軌間、

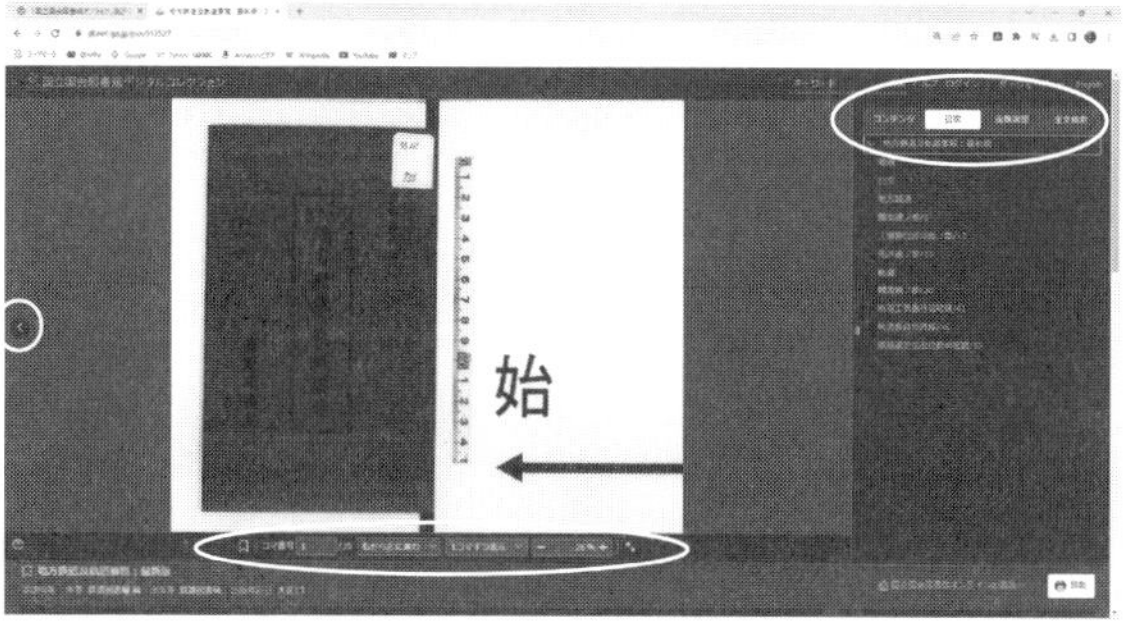

これが『地方鉄道及軌道一覧』の資料トップ画面だ。冊子体の場合、見開きあるいはページごとに表示され、これは「コマ」と呼ばれている。画像の左右（画像はトップの表紙のため、左のみ）に矢印があり、これをクリックすることでページを進められる。

　画面の下方には画像のコマ番号、ページの進む方向、画面の拡大などの操作アイコンが並んでいる。画面の右上にはコンテンツ、目次、画質調整、全文検索の操作アイコンが並んでいる。現在は目次での表記だが、これをコンテンツとすれば全ページのサムネール画像が表示される。全文検索は選択した資料全体に対するキーワード検索だ。例えばここで「軌道」と入力すれば、該当ページのリストが表示される。

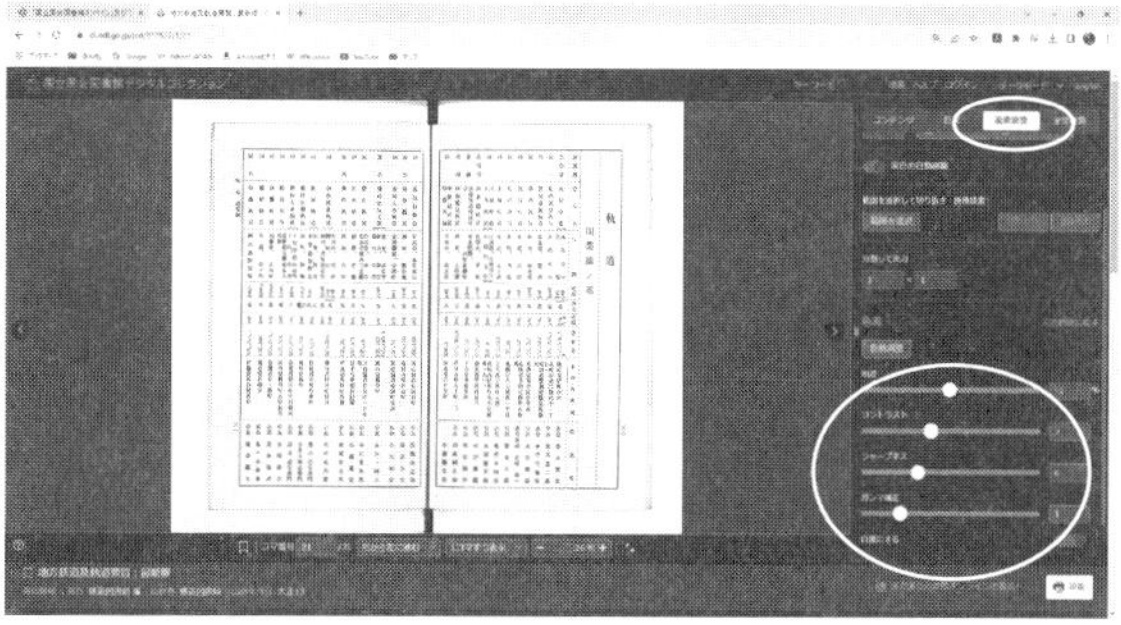

「軌道　開業線ノ部」のトップページが表示された。ただし、『地方鉄道及軌道一覧』はマイクロフィルムとなっていることもあり、そのままでは画面が見にくい。そこで右上の「画質調整」をクリックし、「明度」「コントラスト」「シャープネス」「ガンマ補正」を調整する。画像ソフトを操作した経験がある方には説明の必要もないが、通常は名所、コントラスト、シャープネスを微妙に上げるだけでぐっと読みやすい画面になる。

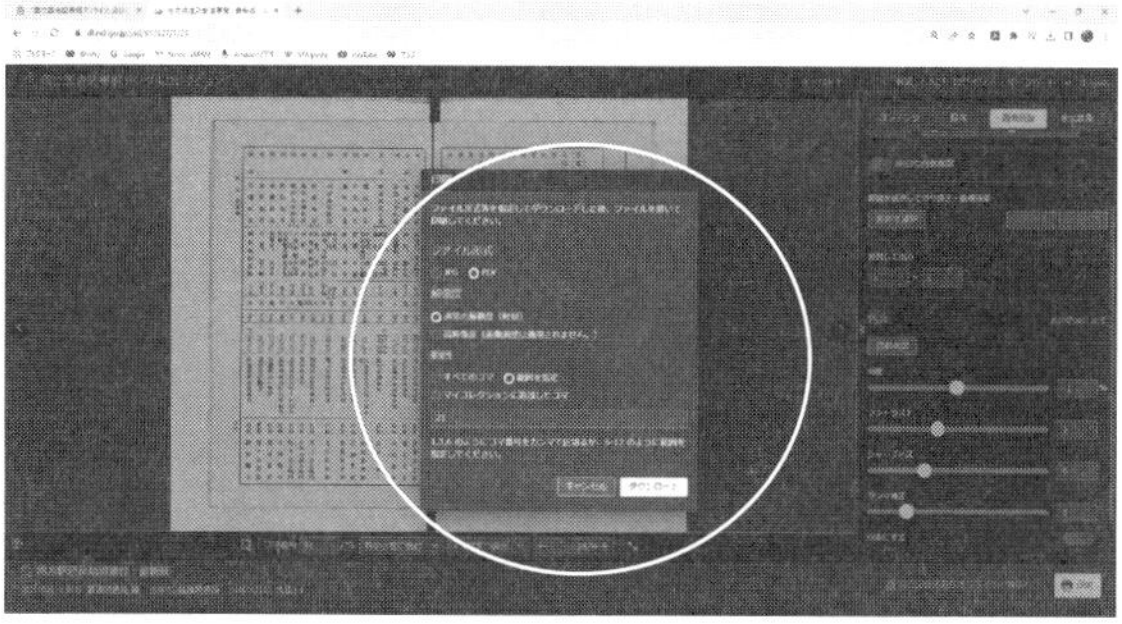

資料はモニター上で閲覧してもいいが、見返したりするためには手元に取っておきたい。その場合は、画面右下の「印刷」をクリックすると印刷画面が表示される。ここで資料をいったんダウンロードして、印刷する。画像形式は「JPG」または「PDF」の選択が可能だ。「解像度」はデフォルトとなっている「通常の解像度」でほとんど問題ない。最後に「範囲」の設定も行う。ページ数の多いものでは一度で全文ダウンロードできないものもあるが、その場合は分けて操作すればいい。すべての指定を終えたら「ダウンロード」をクリックする。

資本金、本社所属地、代表者名が記載され、当時の地方鉄道（私鉄）・軌道（路面電車のように道路上に併設された鉄道）の概要がわかる。この時代、軌間は呎・吋（フィート・インチ）表記で、「三・六」「二・六」のように記載されている。それぞれ3フィート6インチ、2フィート6インチと読め、メートル法では1067ミリ、762ミリとなる。また、営業距離も哩（マイル）表記で、メートル法で判断するには換算しなければならない。

また、この『最新版　地方鉄道及軌道要覧』では開業線のほか、工事認可を得た線、さらには免許または特許を得た線についても記載されている。ちなみに地方鉄道の許可は「免許」、軌道の許可は「特許」と呼ばれていた。

このような要覧資料をチェックしていけば、その時代に運行されていた、あるいは建設されようとしていた鉄道の状況がわかり、そこからナローゲージの「軽便鉄道」の状況をうかがい知ることができるのだ。

鉄道の統計資料もあり、明治〜昭和初期では『鉄道局年報』『鉄道院年報』『鉄道院鉄道統計資料』『鉄道省鉄道統計資料』『鉄道統計資料』『鉄道統計』などがある。内容については時代によって異なる部分もあるが、各社まとめた会社の経営状態（運行距離や収支など）を記したものもある。これも当時のナローゲージの「軽便鉄道」のイメージを掻き立てる。ただし、現在のところ、「国立国会図書館デジタルコレクション」ですべてを所蔵・公開しているわけではない。

このほか、鉄道会社の社史も興味深い資料になるが、ナローゲージの「軽便鉄道」では社史を編纂する規模の会社は少なく、地方史から探していく方が実りはあるだろう。掲載写真などをチェックしていくと思いがけない発見もある。さらに鉄道車両や土木工事機械などの製作所や関連資料も面白いものが見つかる可能性がある。

なお、簡単に読める文書ではないが『官報』も面白い。これは法律、政令、条約などを公表する国の広報紙だが、鉄道の免許、軌道の特許、営業開始などの情報が記載されていることもある。「国立国会図書館デジタルコレクション」では1883（明治16）年7月2日から1952（昭和27）年4月30日までの官報を公開している。明治期には海外の情報紹介も多く、『軽便鉄道法』公布前に「軽便鉄道」で検索すると、海外の記事の方が多いくらいだ。

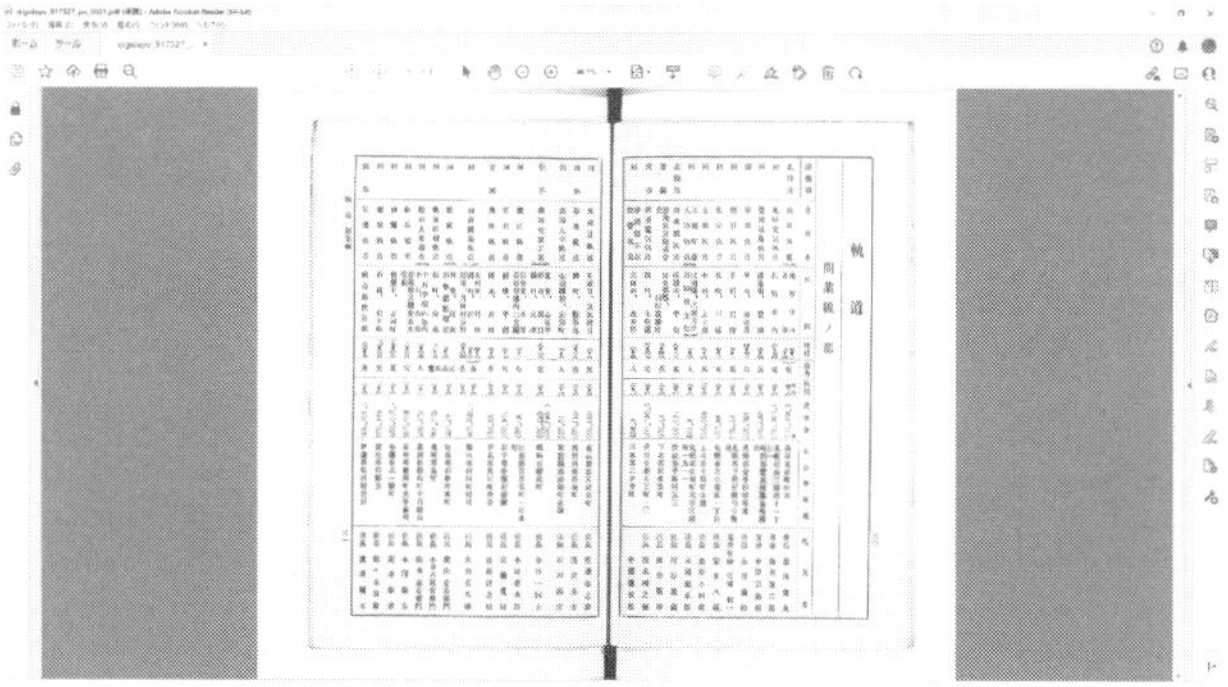

操作例ではPDFファイルにしてダウンロードした。あとは自分のパソコンで印刷が可能だ。

「国立国会図書館デジタルコレクション」は国立国会図書館トップページからだけではなく、ダイレクトに入ることも可能だ。国立国会図書館デジタルコレクションのトップページ（https://dl.ndl.go.jp/）でもキーワード欄に適当な単語を入れて検索すればリストが表示される。このリストはデジタルコレクションとなっている資料だけが表示されるため、国立国会図書館所有資料リスト（NDL　ONLINE）よりもシンプルな画面となる。

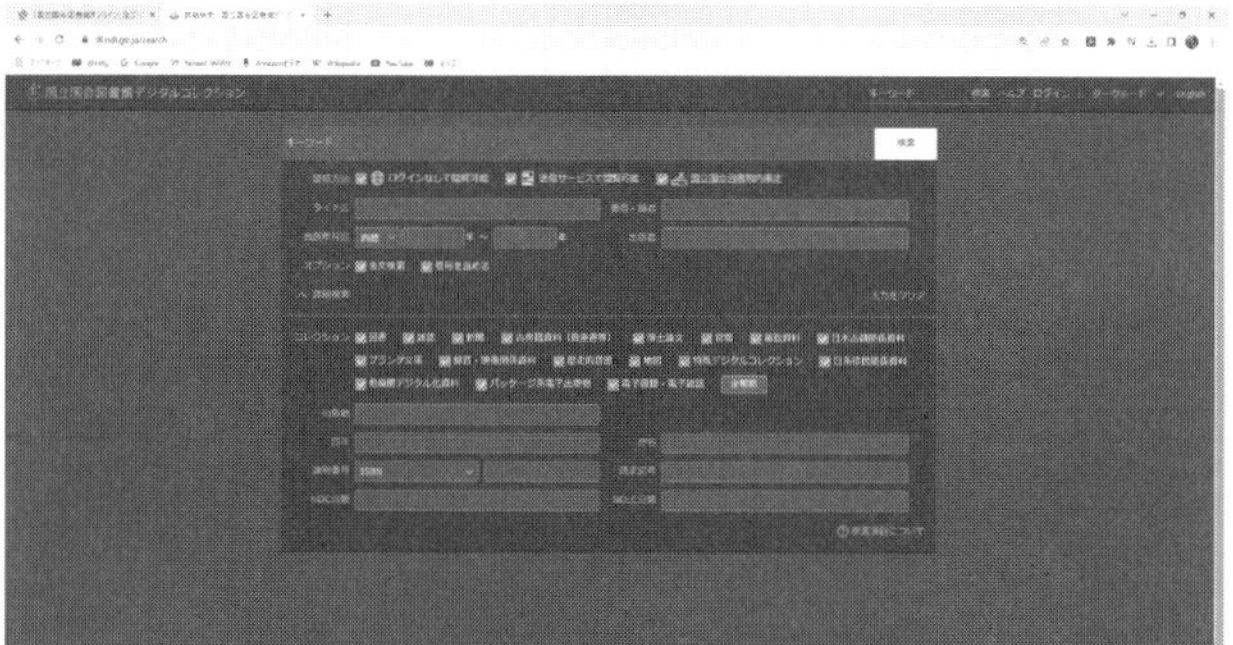

「国立国会図書館デジタルコレクション」では単純なキーワード検索だけでなく、タイトル（書名）、著者、発行年などを絞り込んだ詳細検索も可能だ。

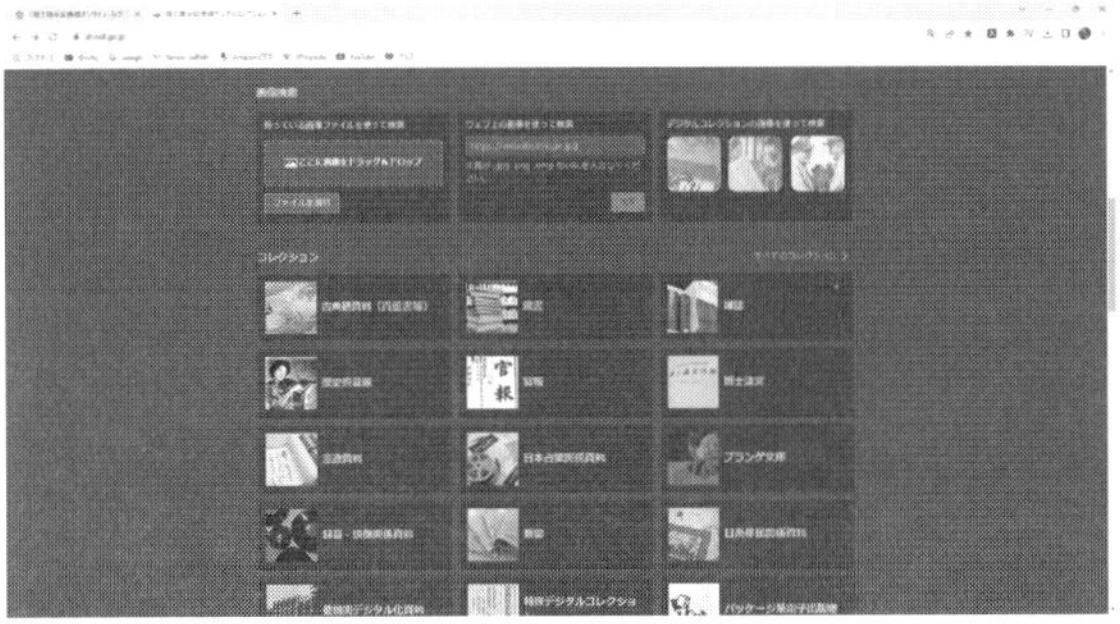

「国立国会図書館デジタルコレクション」のトップページの下方にスクロールしていくと『官報』などをまとめたコレクション紹介がある。『官報』の検索では、ここからアクセスする方が能率的だ。

また、「画像検索」もある。例えば手持ちの画像を伝えると類似画像を探すというサービスだ。今のところ、なかなか思い通りの画像には行き当たらないが、たまに変な画像が見つかり、そこから掲載資料へとたどっていくと、新たな発見があることもある。遊びとして試してみるのも面白そうだ。

試しに自分で撮影した軽便鉄道の蒸気機関車の写真をサイトに「ドラッグ&ドロップ」したらこんな画像がヒットした。この時は 979 件の資料があると記されたが、残念ながら目当てとした「軽便鉄道」はなかった。

また、国立国会図書館では各資料の検索方法をアドヴァイスしてくれる「リサーチ・ナビ」（https://rnavi.ndl.go.jp/jp/）もある。ここでは資料の調べ方だけなく、話題の資料に簡単にアクセスできる特集も企画している。鉄道 150 年となった 2022 年には創業時の鉄道が特集された。およそ「軽便鉄道」の特集などありえないが、ここもチェックしてみたい。

国立国会図書館デジタルアーカイブ資料の例

12

岩手縣

岩手軽便鐵道株式會社

資本金 1,500,000円　所在地｛本社 稗貫郡花巻町北萬丁目／事務所　他事業 索道
同拂込額 1,500,000
期間 上期自4月至9月 下期自10月至3月　代表者 社長 三鬼鑑太郎

種別	動力	軌間	區間	粁程	建設費(概算)豫算額	免許年月日	工施認可年月日(中請期限)	工著期限(著手)	工事竣功期限	會社設立 明治44年10月12日
未開業線		米分厘毛		粁分厘毛	円					

種別	動力	軌間	區間	粁程	建設費豫算額	免許年月日	運輸開始認可年月日	運輸開始實施年月日	省線連絡驛(花巻)連帶線
開業線	蒸氣	米分厘毛 0.762	花巻、仙人峠		円 1,872,200	明治 44. 7. 5			
			花巻、土澤	粁分 12.8			大正 2.10.25	大正 2.10.25	
			土澤、晴山	3.2			3. 4.14	3. 4.16	
			遠野、仙人峠	19.3			3. 4.15	3. 4.18	
			晴山、岩根橋	5.8			3.12.12	3.12.15	
			鱒澤、遠野	12.3			〃	〃	
			柏木平、鱒澤	2.5			4. 7.29	4. 7.30	
			岩根橋、柏木平	9.5			4.11.20	4.11.23	
			計	65.4					

岩

釜石鑛山株式會社

資本金 20,000,000円　所在地｛本社 東京市日本橋區室町二丁目一ノ一(三井二號館)　他事業 鑛山業

『地方鉄道及軌道一覧：附・専用鉄道 昭和10年4月1日現在』より　所蔵：国立国会図書館

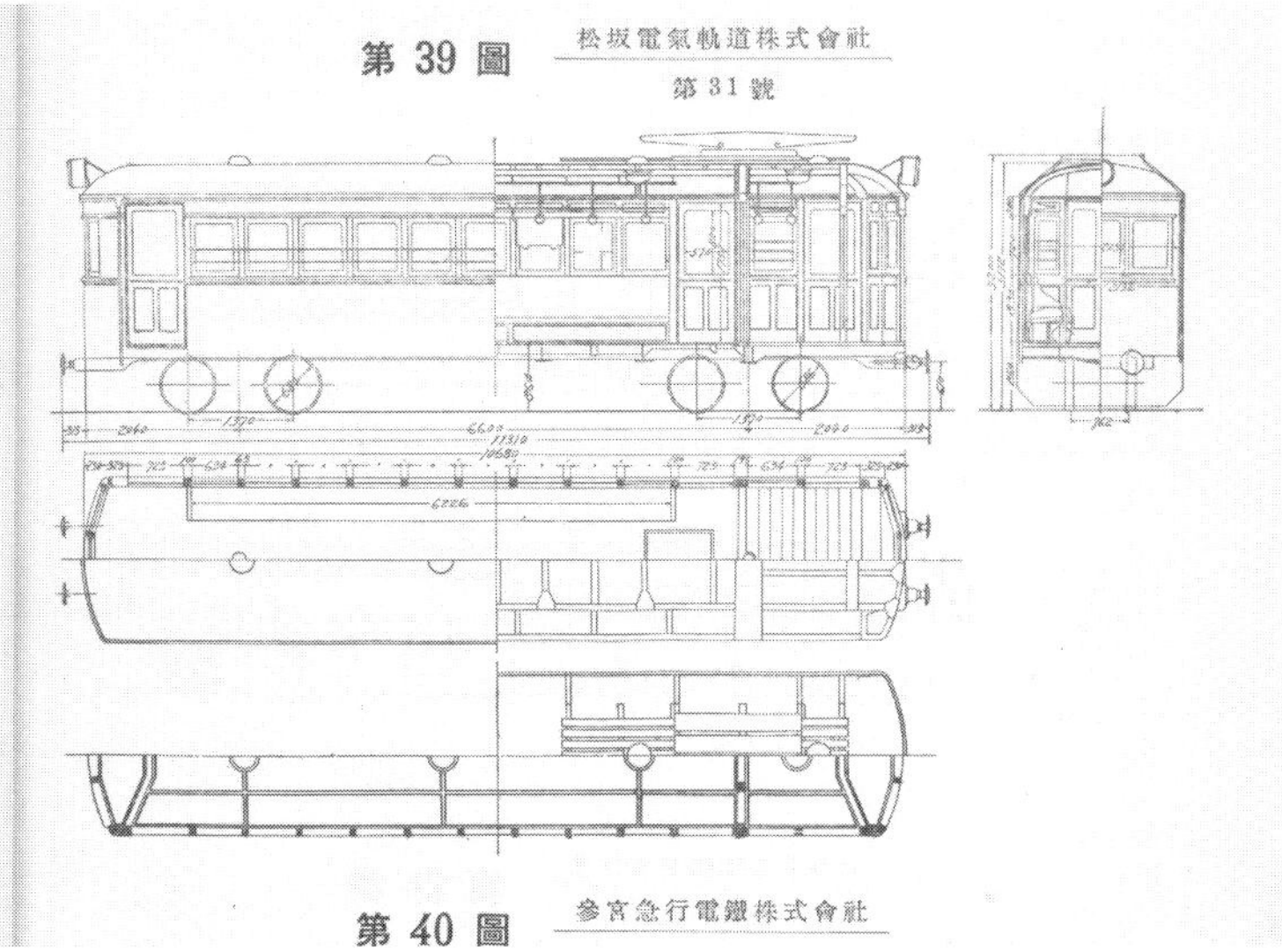

『最新電動客車明細表及型式図集』より松阪電気軌道第31号　所蔵：国立国会図書館

文献となると「**国立公文書館**」もチェックしたいサイトだ。ここでは『軽便鉄道法』『地方鉄道法』『軌道法』など法律関係の原本を閲覧できるほか、関連資料もかなりある。

検索例として１９１０（明治43）年に法律第57号として公布された『軽便鉄道法』を調べてみた。キーワードはストレートに「軽便鉄道法」としたが、法律改正などの関連資料が１０２件もヒットした。『軽便鉄道法』そのものは必見だが、こうした関連資料のチェックも楽しい。

また、「**交通協力会の電子図書館**」（公益財団法人交通協力会運営）も興味深い。現在のところ、戦後の国鉄関連資料が中心となっているが、『交通年鑑』は１９４７（昭和22）年の創刊号から最新版まですべて閲覧できる。このサイトの閲覧は無料だが、登録が必要だ。

鉄道趣味誌では月刊『鉄道ファン』のバックナンバーなどを公開した「**鉄道ファン図書館**」も参考になる。１９６１年７月に創刊した『鉄道ファン』では、当時現役で活躍していた「軽便鉄道」をはじめ、貴重な写真や資料と共にその歴史を掘り下げた記事も多く掲載されている。なお、閲覧は有料（月額３９６円税込）となっている。

国立公文書館デジタルアーカイブ資料の例

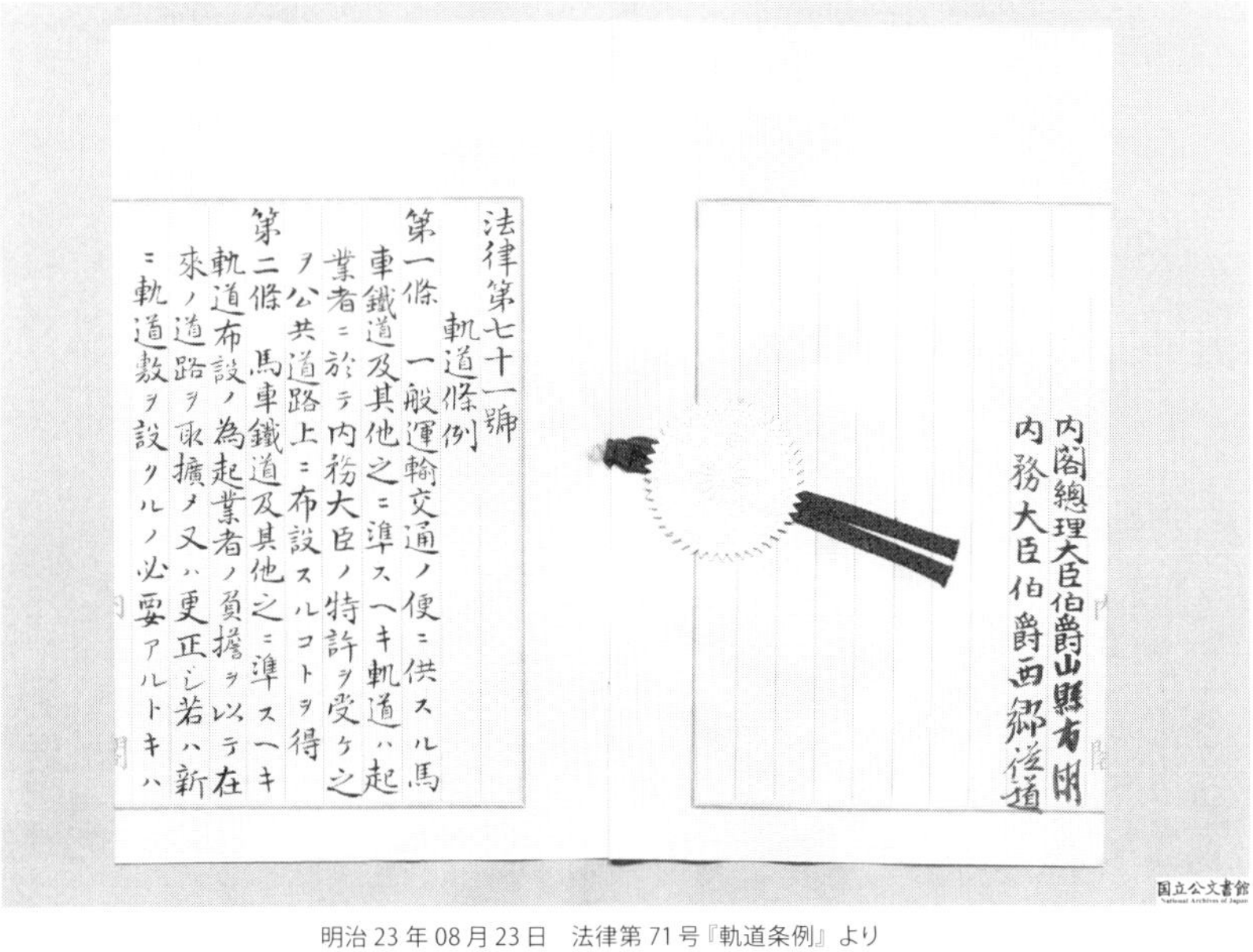
内閣総理大臣伯爵山縣有朋
内務大臣伯爵西郷従道

法律第七十一號
軌道條例
第一條 一般運輸交通ノ便ニ供スル馬車鐵道及其他之ニ準スヘキ軌道ハ起業者ニ於テ内務大臣ノ特許ヲ受ケ之ヲ公共道路上ニ布設スルコトヲ得
第二條 馬車鐵道及其他之ニ準スヘキ軌道布設ノ為起業者ノ負擔ヲ以テ在來ノ道路ヲ取擴メ又ハ更正シ若ハ新ニ軌道敷ヲ設クルノ必要アルトキハ

明治23年08月23日　法律第71号『軌道条例』より

「国立公文書館」サイトの利用法

国立公文書館トップページ（https://www.archives.go.jp/）。「公文書館」で検索すると地方自治体の公文書館もヒットするが、おおむねトップに出てくる。トップページのキーワード欄に操作例として「軽便鉄道法」を記入。

操作時は法律改正など関連資料が 102 件ヒットしたが、明治 43 年の法律公布時の「軽便鉄道法」はトップに表示された。この画面で資料名をクリックする。

「軽便鉄道法」の資料詳細画面が表示される。「御署名原本」とされ、まさにこれが明治天皇署名による原本資料だ。

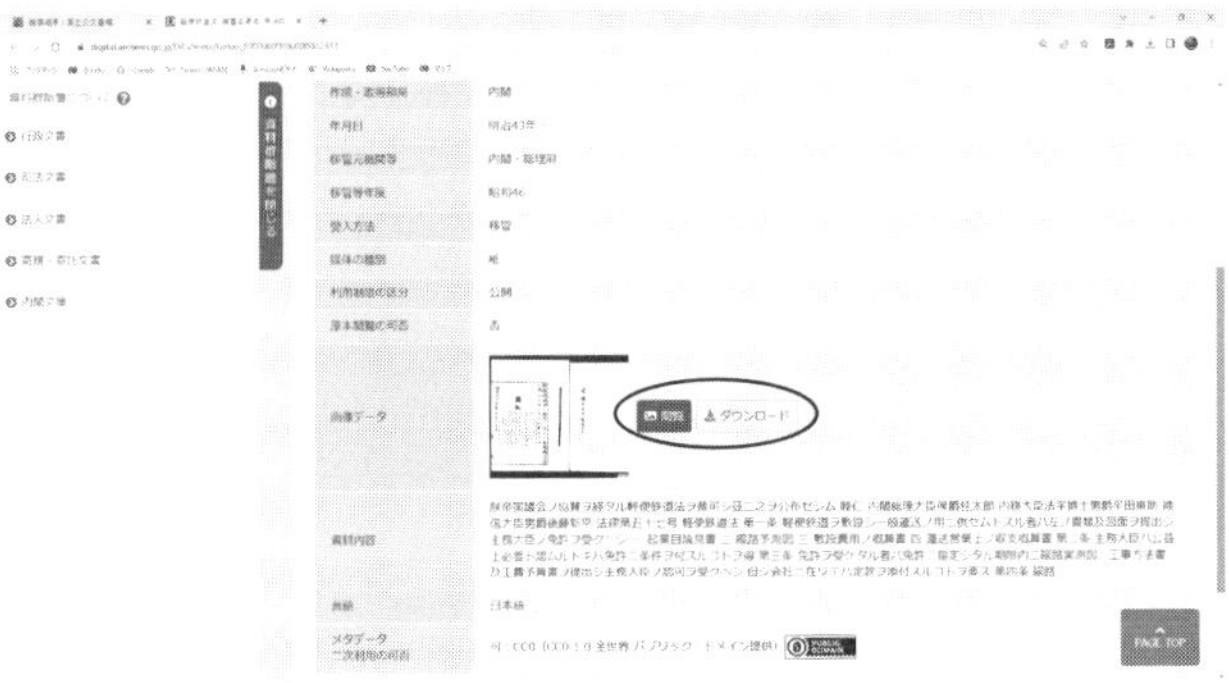

この画面を下方にスクロールしていくと「閲覧」「ダウンロード」のボタンが表示される。ここではまず閲覧をクリックしてみよう。

朕帝国議会ノ協賛ヲ経タル軽便鉄道法ヲ裁可シ茲ニ之ヲ公布セシム」とあり、「睦仁」と署名がある。これは明治天皇の諱（いみな）で、確かに明治天皇署名による「軽便鉄道法」原本だ。この資料も「印刷」または「ダウンロード」が可能で、右上のボタンをクリックする。

印刷画面では資料名の前の□にチェックを入れ、ダウンロードするデータ形式を「PDF」「JPEG」「JPEG2000」から選択して「ダウンロード」をクリックする。

鉄道書閲覧サイトの例

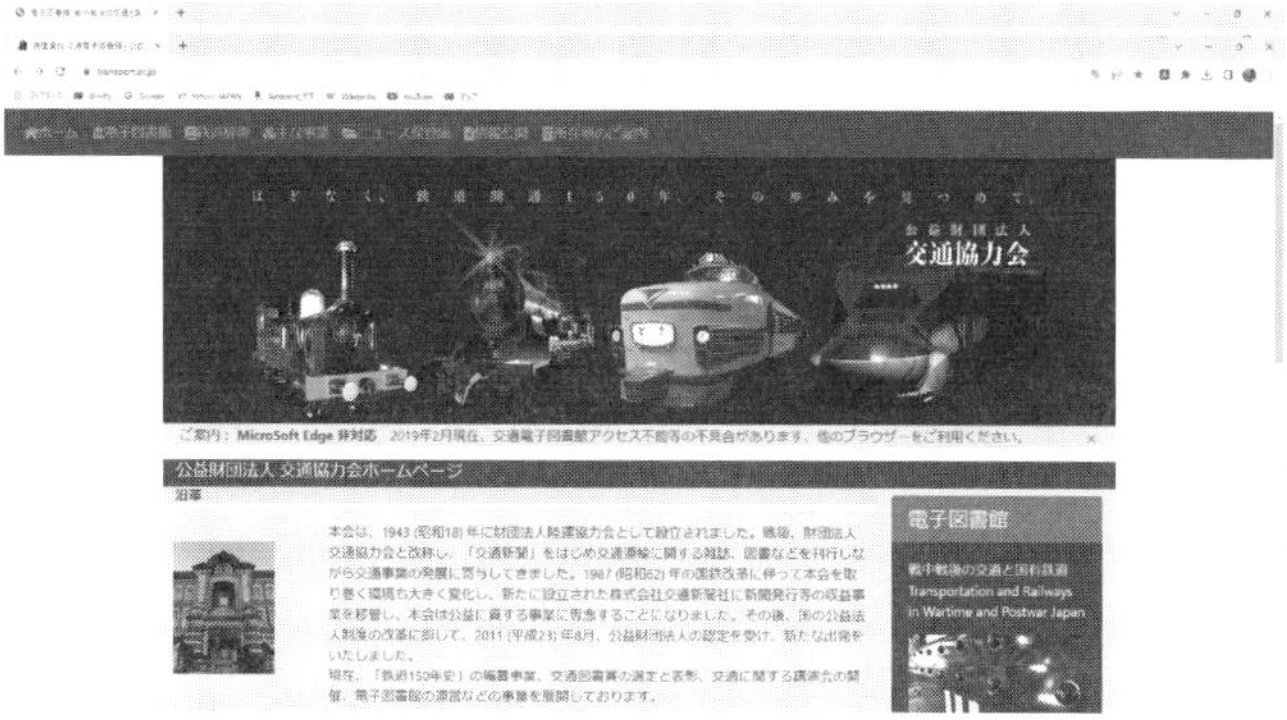

交通協力会（https://transport.or.jp/）のトップページ。電子図書館はここから進む。

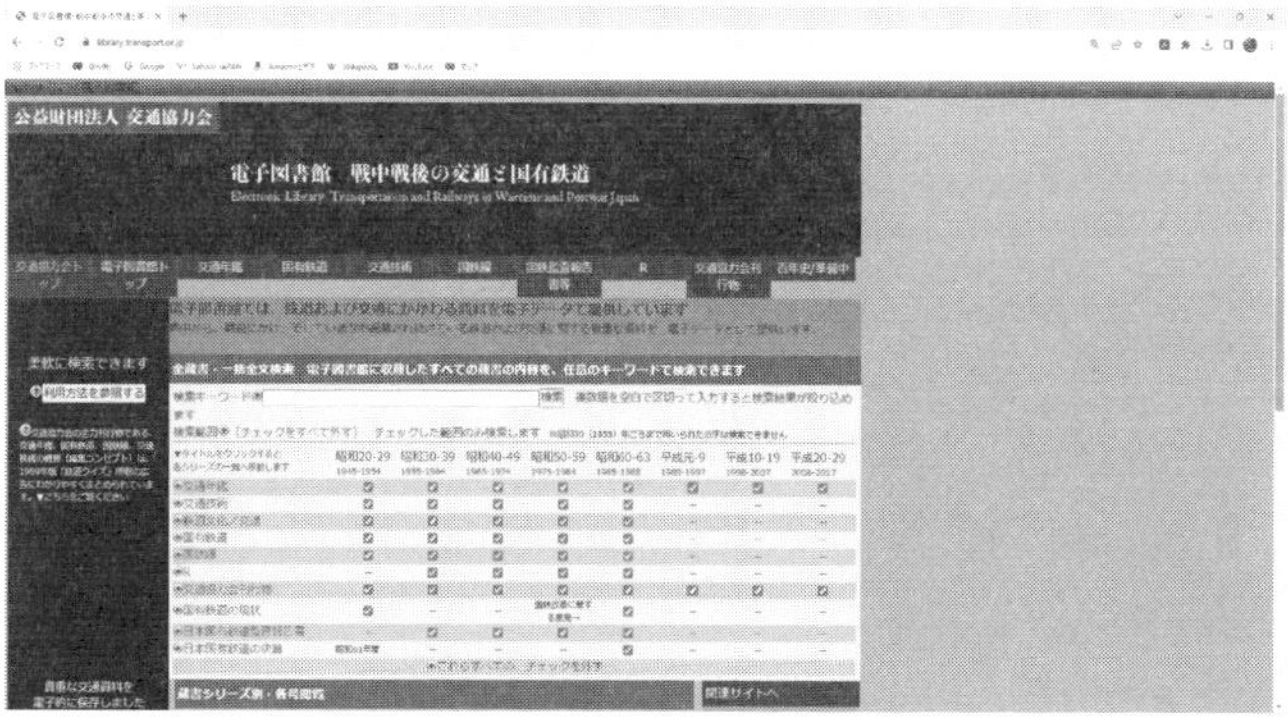

交通協力会の電子図書館。閲覧には登録が必要だ。

鉄道ファン（https://railf-library.jp/user/home/index）のトップページ。閲覧は有料だ。

ウェブで探る「軽便鉄道」の楽しみ❷ 地図&空中写真

現在、消えてしまった「軽便鉄道」も過去の地図や空中写真には記録されている。ここから現役時代の姿をたどり、当時の姿を想像するのも楽しい。

地図は該当する古地図を探すとなると大変だが、**「国土地理院」**ではインターネット上で明治以降の地図、昭和以降の空中写真を各種公開しているので、これを使えば手軽に探索できる。

国土地理院は、国土を測量してさまざまな地図を作成・管理している国土交通省の機関だ。

国の基本図となる「地形図」は明治以降に整備が始まり、明治中期からは陸軍参謀本部の陸地測量部によって5万分の1および2万5000分の1の地形図として作成されてきた。5万分の1地形図は大正時代に日本全国をほぼ網羅し、2万5000分の1地形図は戦後に日本全国をカバーした。これらは随時改訂されながら、版を重ねている。また、地形図の作成には「空中写真」も活用され、これも資料として蓄積されてきた。こうした歴代の「地形図」および「空中写真」などが、インターネット上で閲覧でき、またプリントしたものを購入することもできるのだ。

ちなみに地図管理の部署は、陸軍解体後に内務省の地理調査所、建設省の地理調査所、さらに国土地理院と名称変更され、現在は国土交通省の付属機関となっている。

「軽便鉄道」の探索では5万分の1地形図が便利だ。もちろん、2万5000分の1の方が詳しくわかるが、その整

「国土地理院」の利用法①【総合トップページから空中写真を見る】

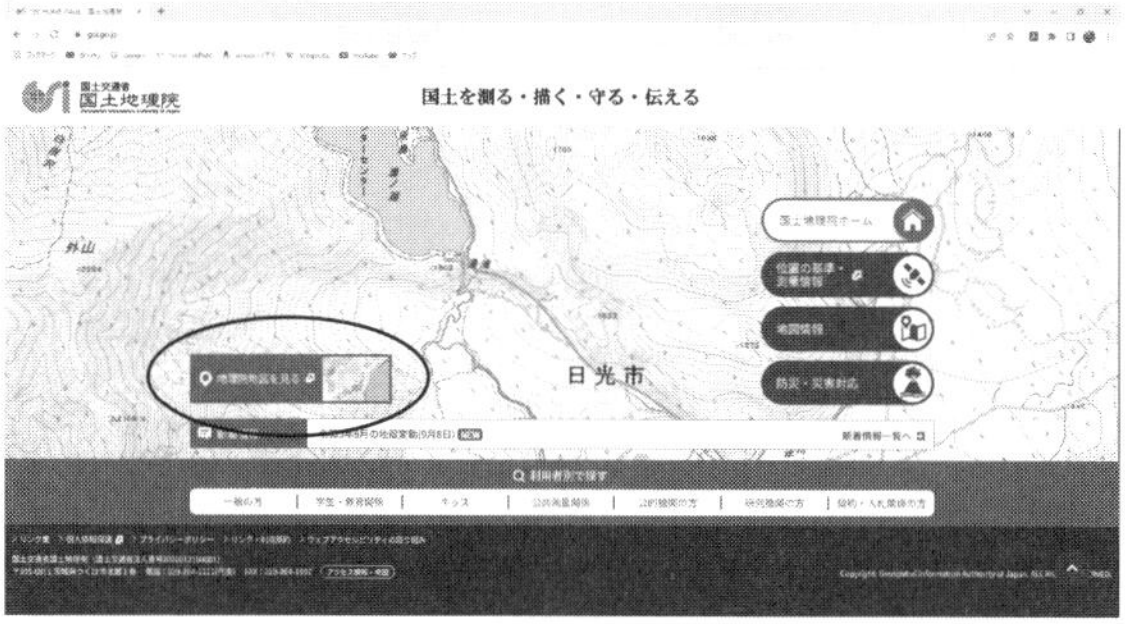

国土交通省国土地理院トップページ（https://www.gsi.go.jp/）。「国土地理院」で検索すると「国土地理院 : GSI HOME PAGE」と出てくる。このトップ画面にある「地理院地図を見る」をクリックするとすぐに地図の検索画面に移る。

地図の検索画面（初期画面）は日本全図で表現されている。地図の拡大縮小は画面左下で操作できるが、パソコンのマウスのホイールボタンでも操作が可能だ。また、位置の移動はマウスを左クリックするとできる。

最初に探すポイントは、めざす「軽便鉄道」の起点だ。これは国鉄やほかの私鉄との連絡を配慮して、これらの駅のそばに位置していることが多い。該当駅を表示し、画面左上の「地図」ボタンをクリック。

検索例としたのは新潟県の「頸城鉄道」だ。1924（大正13）年に発行された『最新版　地方鉄道及軌道要覧』では営業区間が「新黒井、浦川原」と表示されており、起点は「新黒井」とわかる。ただし、国鉄には新黒井駅はない。私鉄が国鉄駅のそばに新たな駅を設ける際、「新」を冠するケースがよくあり、これは「黒井駅」と想像する。これは信越本線の直江津～犀潟間にあるので、それを表示した。

また、この画面では検索画面で「地図」ボタンをクリックしたことで、画面左にさまざまな操作ボタンも表示されている。ここでは「年代別の写真」を選択する。

備は後から進められ、「軽便鉄道」の現役時代に地図作成が間に合っていないこともある。また、戦後は20万分の1地形図の整備も行われているが、「軽便鉄道」探索にはおおざっぱ過ぎて向かない。

探索は『地方鉄道一覧』や『時刻表』などによって調べようとする「軽便鉄道」の基礎情報を確認するところから始める。特に重要なのは「起点」と「終点」だ。途中の経由地がわかれば、それも大きな手掛かりとなる。起点は国鉄やほかの私鉄などとの連絡を配慮し、それらの駅に隣接していることが多い。最初にこれらの駅を地図から探し出すことになる。

「国土地理院」ホームページの閲覧は大きく2パターンに分かれている。

簡単には「総合トップページ」から「地理院地図を見る」へ進む。ここで閲覧できる地図は現在の標準地図を基本として土地利用や災害情報などの情報へと進んでいくものだ。過去の地図は確認できないが、「空中写真」については過去の主要写真を選択できる。戦後まで生き残った「軽便鉄道」、あるいは現役の「軽便鉄道」についての探索に向いている。

また、「総合トップページ」から「国土地理院ホーム」に入ると明治以降歴代の「地形図」や「空中写真」など詳細資料が閲覧でき、さらにプリントのサービスへも進める。操作には慣れも必要だが、戦前の「軽便鉄道」の姿をたどるなら、こちらが必須となる。

ちなみに5万分の1地形図では一般に私鉄や民鉄と呼ばれる地方鉄道のほか、森林鉄道や専用鉄道、簡易軌道（植民軌道）なども掲載されており、その資料性は極めて高い。ただし、残念ながらインターネット上で公開されている過去の「地形図」や「空中写真」の画質は荒く、詳細にチェックしていくにはプリントサービスの利用が必要だ。

なお、「国土地理院」のホームページは時代と共にリニューアルされ、使用方法も少しずつ変わってきている。慣れてしまえば簡単だが、初めてとなるとまごつくかも知れない。基本的な操作方法を紹介しておこう。なお、このデータは2023年9月現在のものだ。

インターネット上で過去の地図や航空写真を閲覧するサービスは「国土地理院」以外にもいくつかある。「軽便鉄道」の探索に便利な筆者が利用しているサイトをいくつか

「年代別の写真」をクリックすると、1928 年頃、1936 年～ 1942 年頃、1945 年～ 1950 年、1961 年～ 1969 年、1974 年～ 1978 年…と歴代写真の選択肢が表示される。検索例とした「頚城鉄道」は 1968 年に部分廃止、1971 年に全線廃止されているので、「1961 ～ 1969 年」を選択する。

1961 年～ 1969 年の「空中写真」が表示された。写真画面の左中央に信越本線黒井駅が読み取れ、構内に停車中の列車の姿も見える。

国鉄駅の右手方向にカーブを描いて田んぼ側に分岐する線路がある。また、この線路は国鉄駅の右下で別の構内を形成していることもわかる。これが頚城鉄道の新黒井駅と想像できる。

左側操作ボタンの下方に「選択中の地図」が表示され、現状は「1961 年～ 1969 年」と「標準地図」と2点が示されている。画面では「空中写真」のみが表示されているが、ここでは空中写真への切り替え前の「標準地図」も重ねて表示されている。操作ボタンには「透過率」もあり、「空中写真」の表現を薄くしていくと「標準地図」が見えてくる。地図では「黒井駅」と表示された部分にカーブした道路が描かれているが、これは頚城鉄道と思われる線路の廃線跡を活用したものとわかる。

この空中写真は自分のパソコンで印刷も可能だ。これは右上の「印刷」ボタンをクリックする。

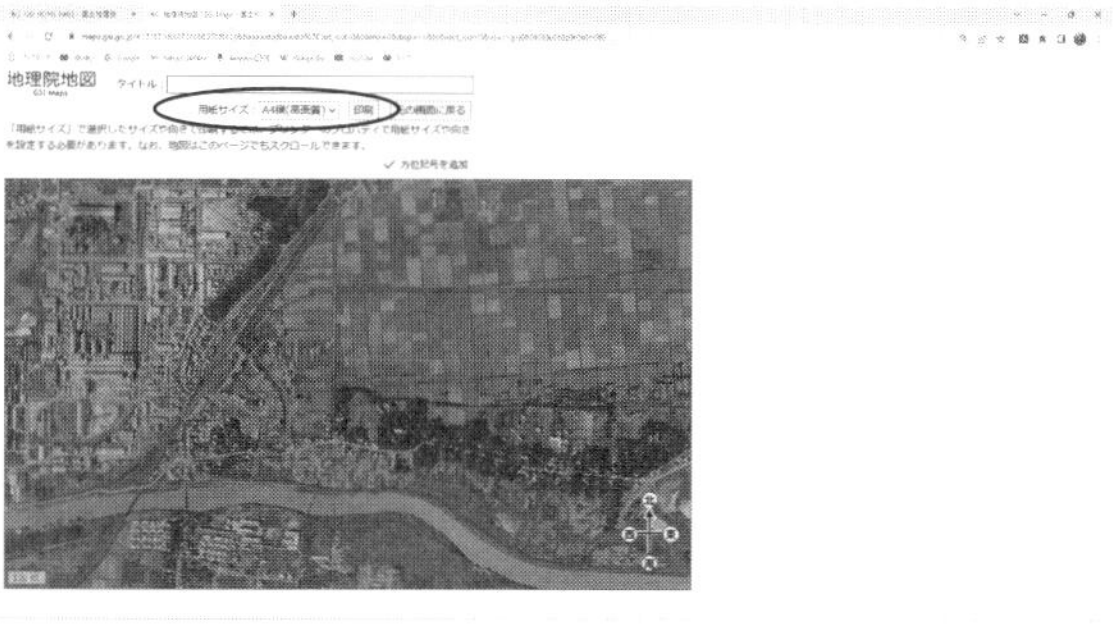

「印刷」ボタンをクリックすると、印刷画面に切り替わる。印刷はＡ４またはＡ３、縦または横、高画質または標準を選択可能だ。なお、印刷画像はこのページでもスクロールでき、必要な部分に移動することが可能だ。

「国土地理院」の利用法②【国土地理院ホームから歴代地形図や空中写真を見る】

国土交通省国土地理院トップページ（https://www.gsi.go.jp/）。トップ画面右側の「国土地理院ホーム」をクリックする。

「国土地理院ホーム」のトップページ。ここで「地図・空中写真・地理調査」を選択する。

「地図・空中写真・地理調査」のトップページ（https://www.gsi.go.jp/tizu-kutyu.html）。ここからの選択肢は10数個あるが、過去の「軽便鉄道」探索でメインに使うのは中央の「地図・空中写真閲覧サービス」だ。

左側の「地理院地図」を選択すると総合トップページの「地理院地図を見る」と同じページに進む。右側の「図歴（旧版地図）」もコアな探索には必要となるが、中央の「地図・空中写真閲覧サービス」からでも同様の資料を検索することができ、まずはここからスタートしたい。

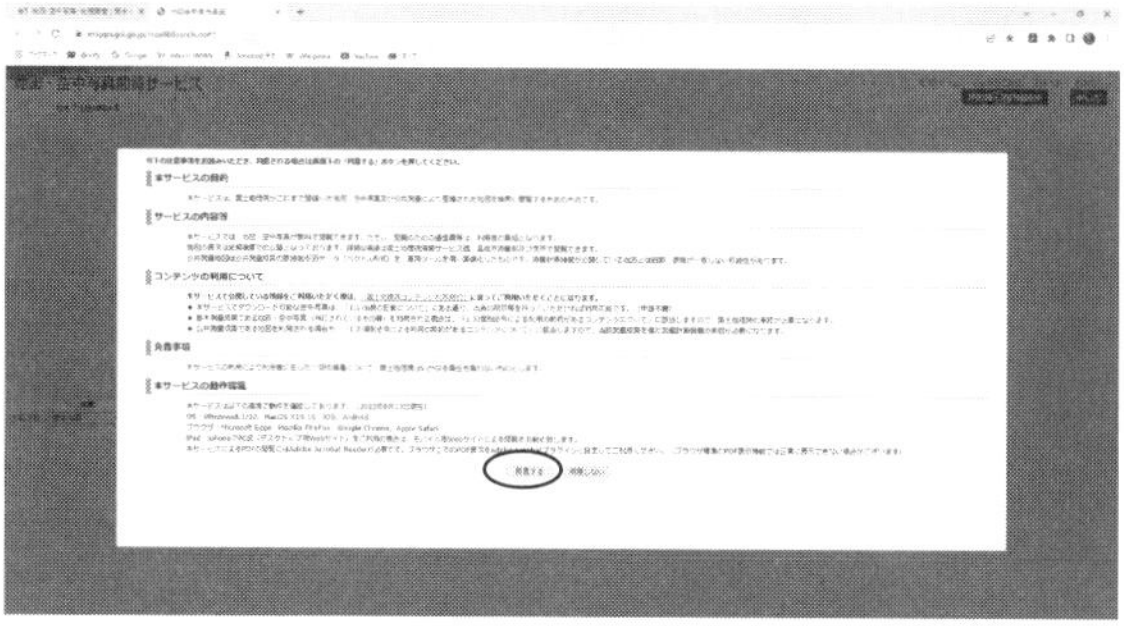

「地図・空中写真閲覧サービス」を選択するとサービス内容に対する同意が求められる（https://mapps.gsi.go.jp/maplibSearch.do#1）。ここは「同意する」を選択。「国土地理院」のホームページは階層が複雑なので、地図・空中写真の閲覧を頻繁に行うなら、このページにブックマークを付けておくのがおすすめだ。

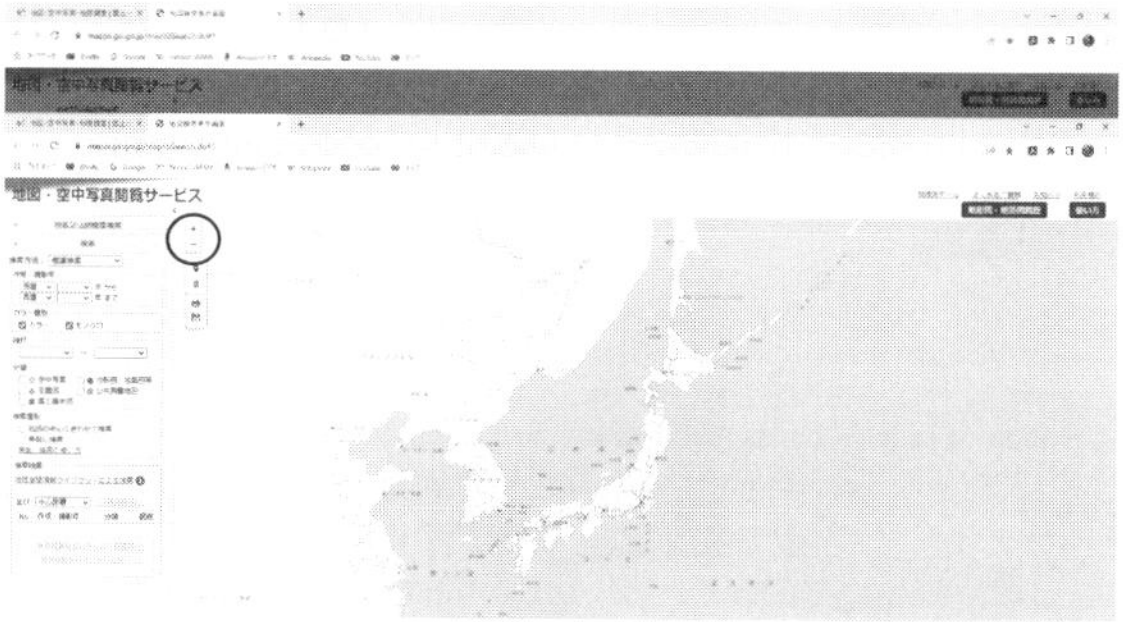

地図の検索画面（初期画面）は日本全図で表現されている。地図の拡大縮小は画面左上のアイコンで操作できるが、パソコンのマウスのホイールボタンでも操作が可能だ。また、位置の移動はマウスを左クリックするとできる。前回同様、「軽便鉄道」の起点を探す。

「国土地理院」の利用法②-1 空中写真を見る

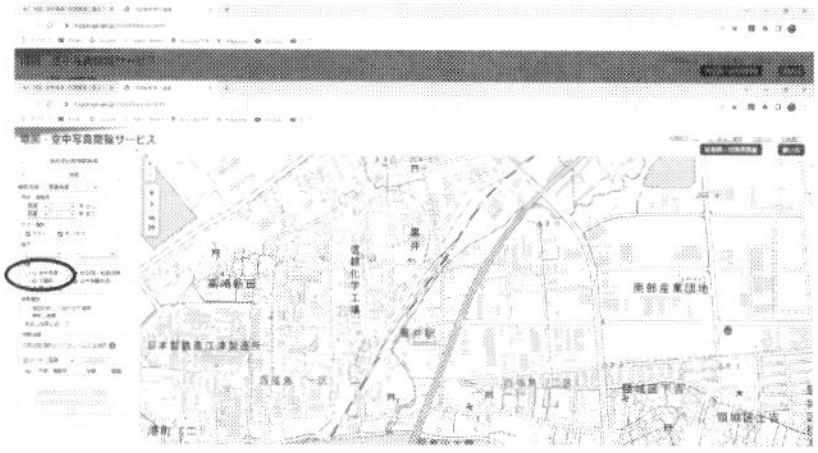

操作の比較のため、検索例は前回同様「頸城鉄道」だ。信越本線の直江津～犀潟間の「黒井駅」を表示する。ポイントが決まったら、左側の操作画面で「空中写真」を選択する。

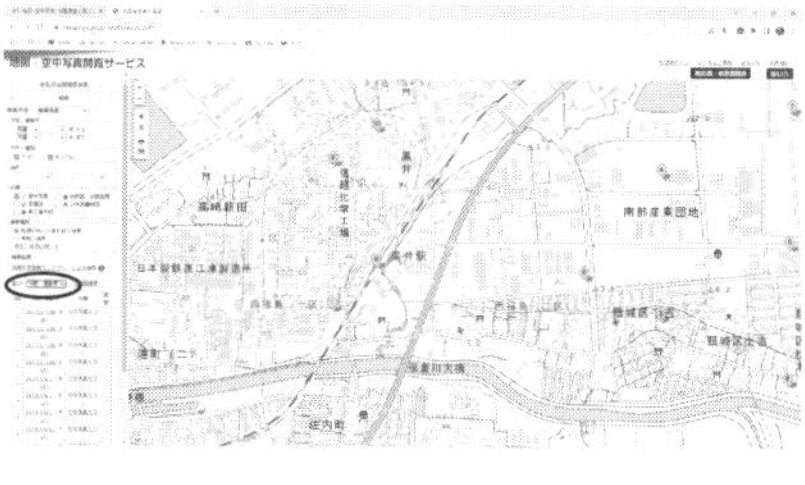

該当エリアをカバーするすべての「空中写真」リストが表示される。リストは「中心距離」「作成・撮影年」「分類」で並び替えができるので、ここは「作成・撮影年」を選択。最近のものから順に表示されるので、ここでは頸城鉄道の短縮前となる「1967/05/31（昭和42）」を選んだ。

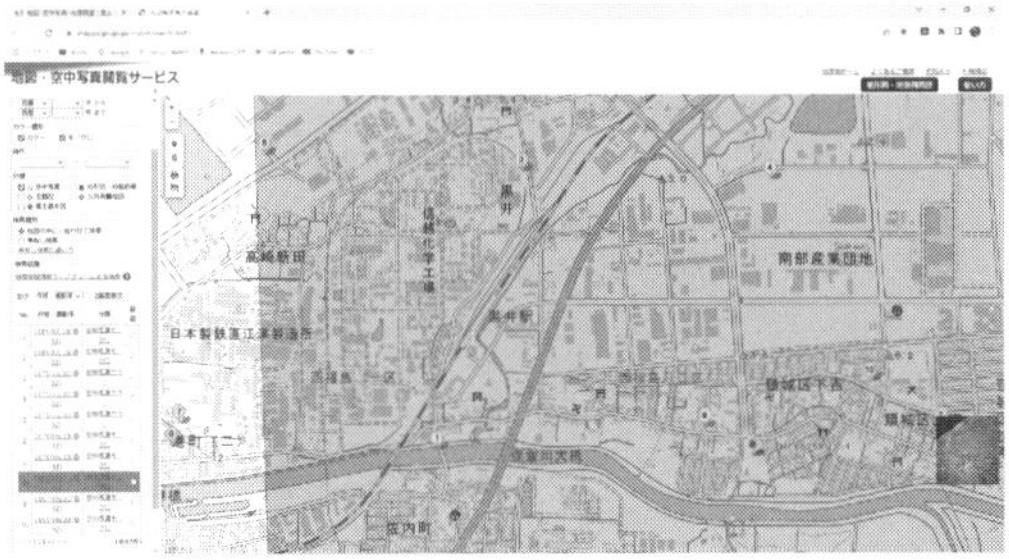

検索例では「1967/05/31（昭和 42）」が 2 つあるが、このリストにパソコンのポインターで触れると、写真の範囲が地図に薄緑で囲まれ、小さなサムネール画像も表示される。信越本線の黒井駅が範囲内に入っているので、まずはここから見てみよう。

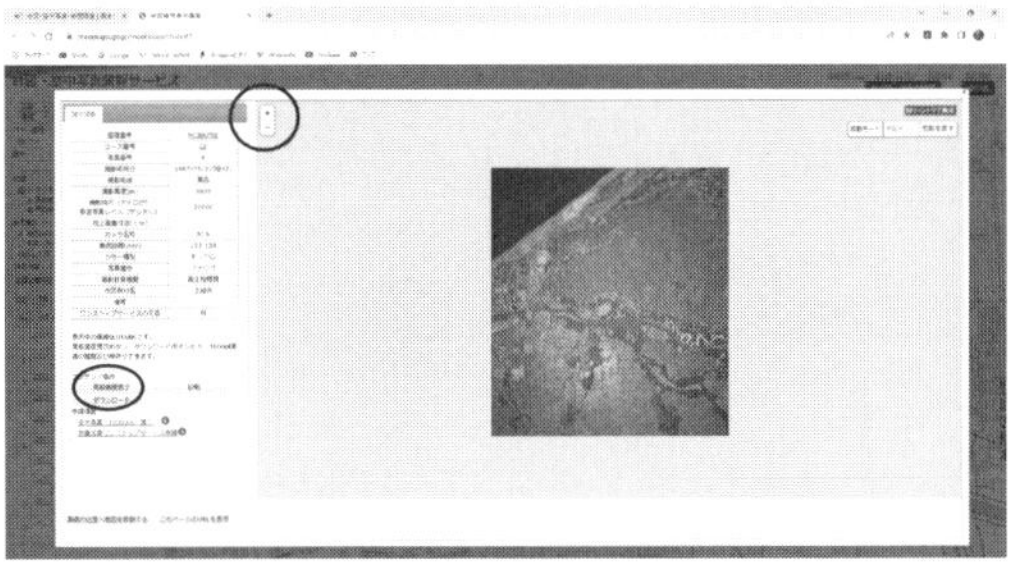

選んだ「1967/05/31（昭和 42）」をクリックすると該当の「空中写真」が表示される。左側には空中写真の諸元が記され、上から順に「整理番号」「コース番号」「写真番号」などが並んでいるが、この写真を入手する時にはこの3つの番号が必要だ。

モニター上に表示されている「空中写真」は画面左上のボタンで拡大もできるが、現状では 100dpi の粗い画像で示されており、詳細は見えにくい。諸元欄の下に「高解像度表示」のボタンがあり、これをクリックすると 400dpi の画像が表示される。

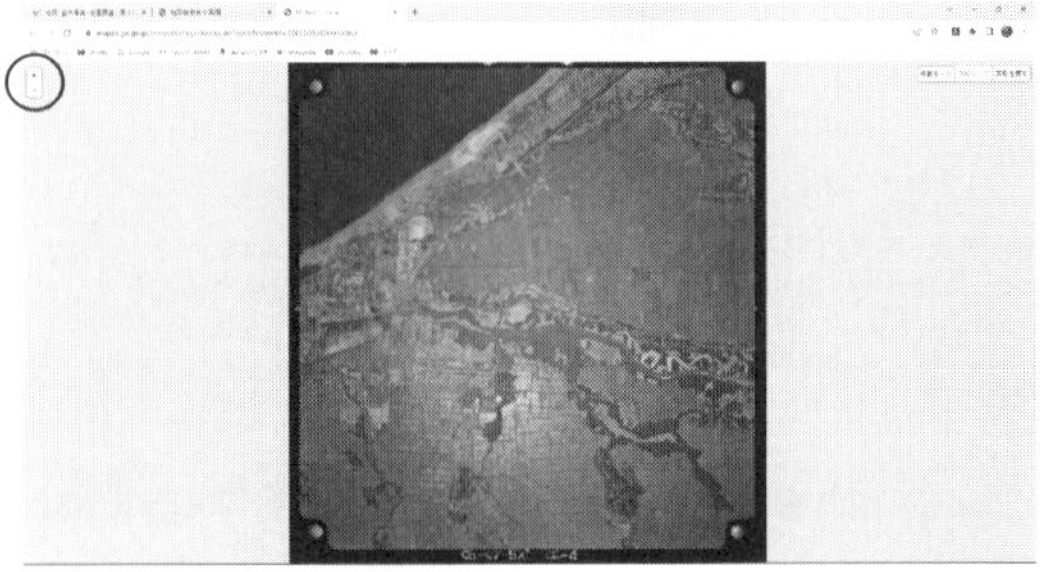

400dpi の高解像度画面が表示された。これも左上のボタン操作で拡大することができる。

拡大していくと検索例の写真では国鉄の黒井駅や頸城鉄道の新黒井駅に停車中の車両も判断できた。マウスの左クリックで画面の移動も可能だ。新黒井駅から右手方向にカーブして田んぼの中を一直線に東進する線路も見えるが、それをたどることもできる。

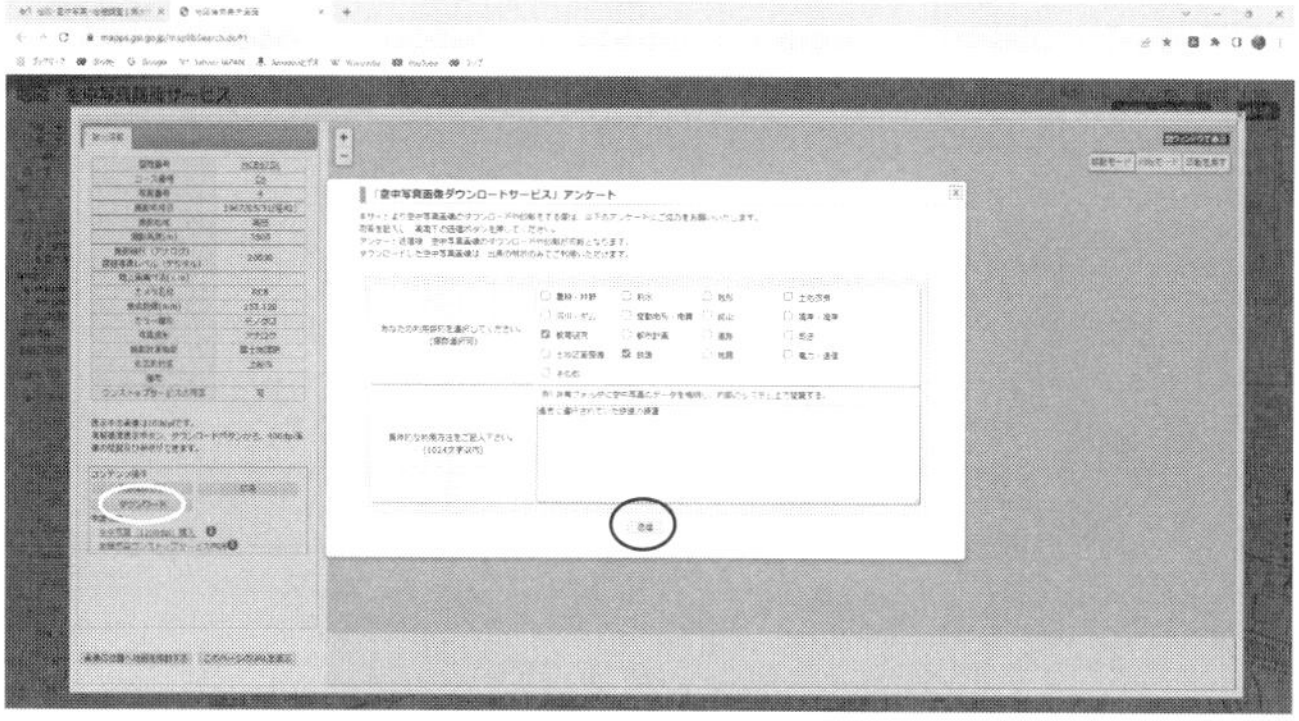

この画像データは無料でダウンロードすることもでき、これは「高解像度表示」の下にある「ダウンロード」ボタンを押す。簡単なアンケート画面が表示されるので、適当なものを選択・記入して「送信」を押すとPDFデータにてダウンロードされる。

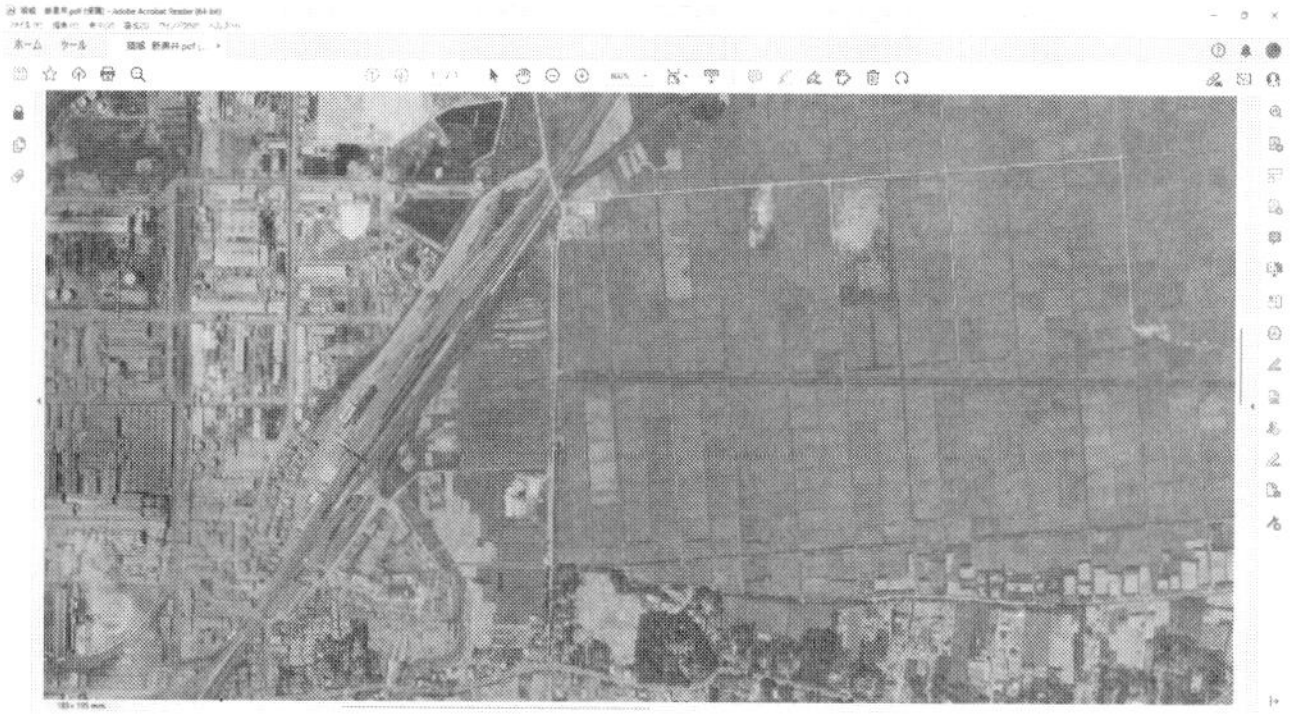

ダウンロードされたデータは400dpiだが、車両なども十分読み取れ、現役時代の頸城鉄道に触れる感動がある。

さらに有料のプリントサービスを受ければ、1200dpiにて出力した「空中写真」を入手することもできる。無料の3倍もの容量があり、車両などはさらに克明に読み取れる。

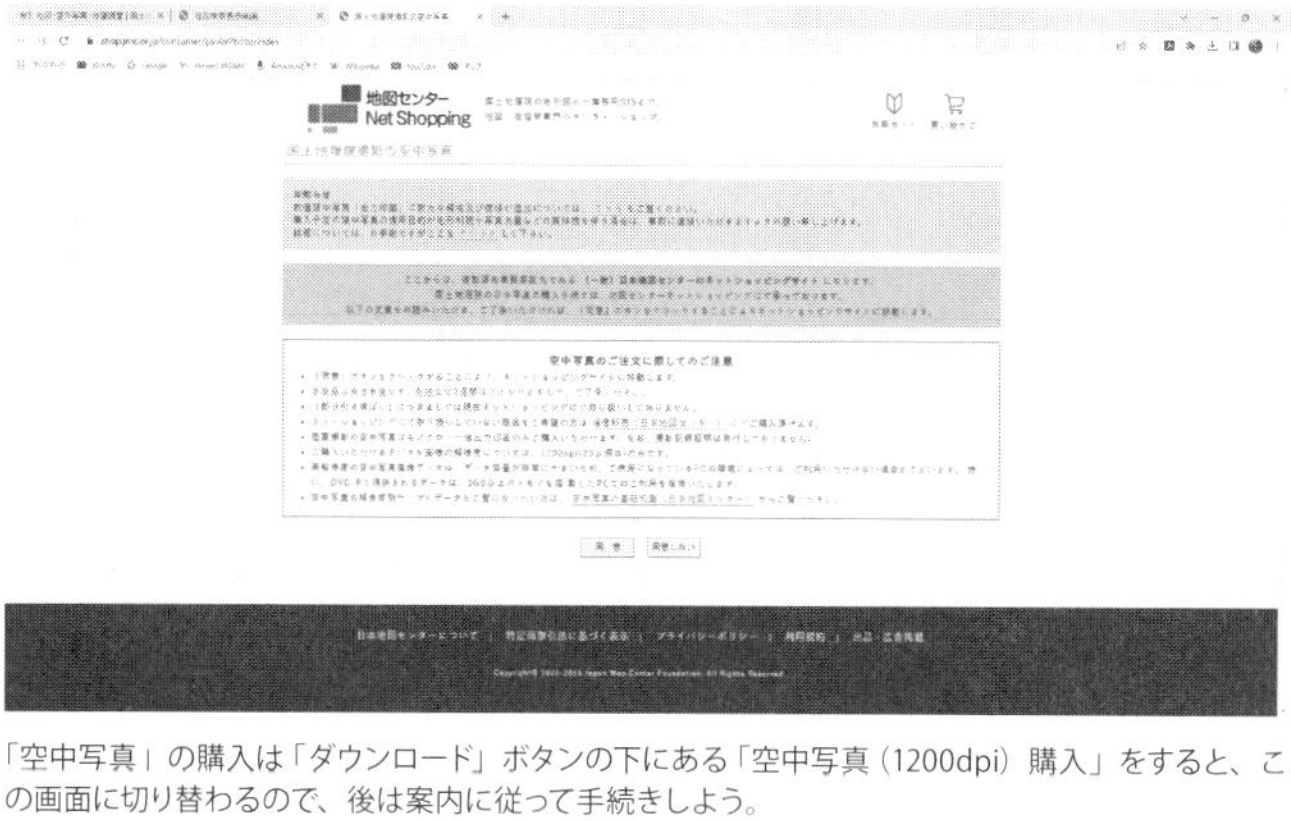

「空中写真」の購入は「ダウンロード」ボタンの下にある「空中写真（1200dpi）購入」をすると、この画面に切り替わるので、後は案内に従って手続きしよう。

「国土地理院」の利用法②-2 地形図を見る

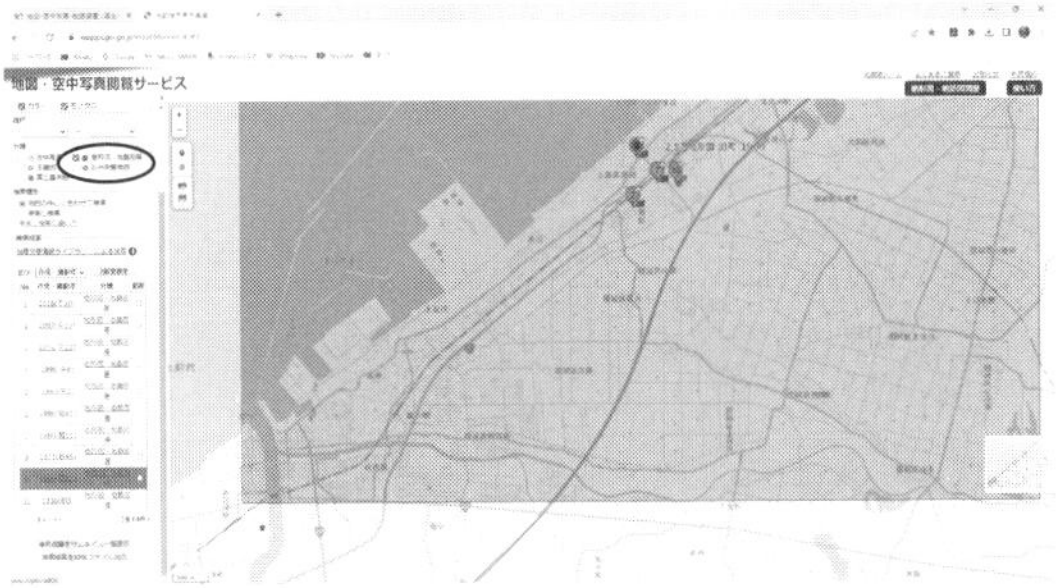

選択画面では「空中写真」と同じ方法で過去の「地形図」を探すこともできる。左側の操作画面で「地形図・地勢図等」を選択、続いて年代を選択する。

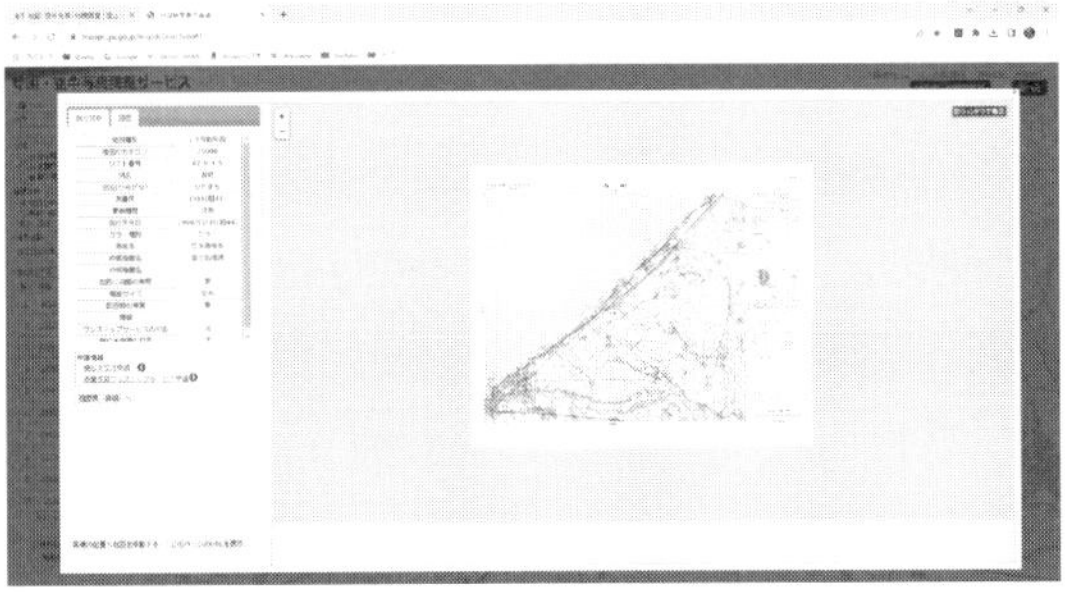

選択画面では「空中写真」と同じ方法で過去の「地形図」を探すこともできる。左側の操作画面で「地形図・地勢図等」を選択、続いて年代を選択する。

解像度が悪く、ほとんど使い物にならない。画面右側、田んぼの中を一直線に走る線路のわきに「頸城鉄道」と表示されているが、これはあらかじめ知らなければ読み取ることもできないほどだ。過去の「地形図」についてはプリントサービスが必須だ。

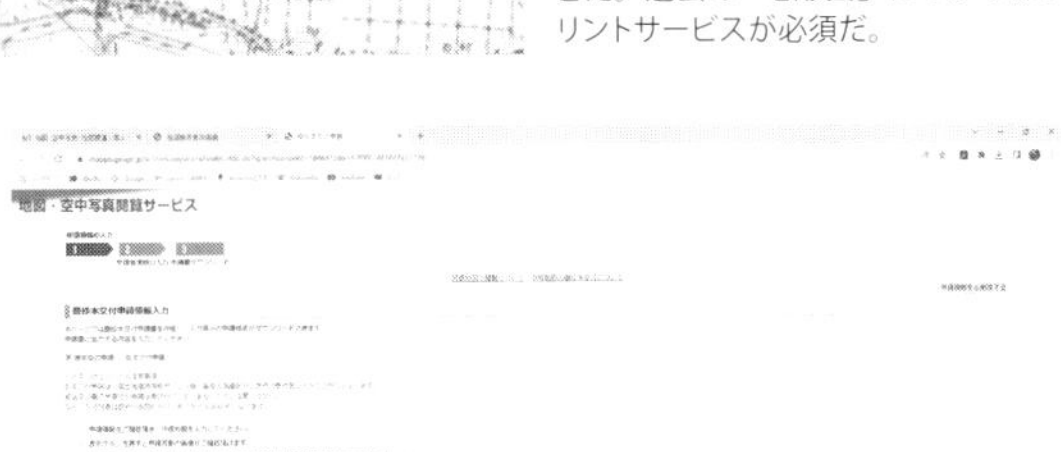

地図諸元画面の下方に「謄抄本交付申請」があるので、これを選択するとこの画面に進むので、案内に従って手続きする。なお、「謄抄本」といっても市販されている現行「地形図」にそん色はなく、地図上の調査や探索が楽しめる。

紹介しておこう。

ひとつは**宮崎県デジタル推進課による「ひなたGIS」**(https://hgis.pref.miyazaki.lg.jp/hinata/)だ。

このサイトでは各種情報を背景レイヤーとして表示して過去の地図や航空写真を閲覧することができる。「国土地理院」のように年代を自由に選択することはできないが、大正〜昭和の地図をシームレスに閲覧でき、見るだけでも楽しめる。

過去の地図や航空写真の場合、基本画面右側の赤い「背景ボタンを押して「背景レイヤー」を開く。ここに「地理院フォルダ」「航空写真フォルダ」「古地図フォルダ」があり、それを開くとそれぞれの情報が地図画面に表示されるのだ。過去の地図は「古地図フォルダ」の中にある「戦前戦後地図フォルダ」から「日本版MapWarper 5万分の1」などを選ぶ。こうした操作方法はサイト内にも説明されているが、「ひなたGIS」ではできることが多すぎてわかりにくい。解説している個人サイトも多いので、それをチェックしてみるのもいい。

表示画面を分割し、現在の地図と同期させた状態で表示することもできるので、廃線跡探索の予備調査にうってつけだ。検索例は千葉県の「九十九里鉄道」で、国鉄東金線の東金駅から海側の片貝に向かって線路が伸びていたことがわかる。

埼玉大学教育学部の谷謙二研究室による時系列地形図閲覧サイト「今昔マップ on the web」(https://ktgis.net/kjmapw/index.html)も使いやすい。このサイトでは過去の地図の年代をある程度選択できるので、時代による状況の変化も調べることができる。残念ながら主要都市を中心とした情報提供となっているため、地方に多かった「軽便鉄道」をカバーできていない部分もある。

表示画面は全面、2分割、4分割できるので、年代別に表示して比較もできる。やはり、廃線跡探索の予備調査に活用できる。検索例は岡山県の「井笠鉄道」。収録地域の「岡山・福山」で開くと、両都市の中間部にあった井笠鉄道は全区間カバーしていた。井笠鉄道は国鉄山陽本線の笠岡駅から、街中を大きくカーブして北方に進んでいた。現在、線路跡は道路になっているが、この鉄道ならではの独特なカーブが残っている。

戦直後の１９４５〜１９４６年に米軍が作成した日本の１万２５００分の１地形図も精緻な情報が詰まっている。この縮尺なので日本全体には及ばないが、主要都市や軍事・経済上重要な地域はカバーしている。この地図もいろいろなサイトで公開されているが、筆者は**テキサス大学図書館のサイト「University of Texas Libraries」**（https://maps.lib.utexas.edu/maps/ams/japan_city_plans/）で行き当たり、以来活用している。

検索例は「KAMAICHI」、岩手県の釜石である。発行は１９４５年とある。

当時、国鉄の山田線は釜石駅まで全通していたが、釜石線はまだ全通前だった。釜石東線と釜石西線に分かれ、釜石西線の一部は岩手軽便鉄道時代の７６２ミリで運行されていた。１９４４（昭和19）年10月に釜石〜陸中大橋間が１０６７ミリの釜石東線として貨物営業を開始、１９４５（昭和20）年６月からは旅客営業も開始した。一方、街中にあった製鉄所と大橋を結ぶ７６２ミリの通称「釜石鉱山鉄道」も運行されていた。

米軍の地図で釜石駅周辺部を見ると、まばら地帯（Sparsely）として斜線で覆われて詳細は省略されている。山田線そのものについては甲子川橋梁あたりから１０６７ミリの単線として表記されているが、釜石東線はまったく記されていない。一方、釜石鉱山鉄道についてはナローゲージの「KAMAISHI MAINING LINE」として釜石鉱山鉄道が記載され、単線・複線の別、さらには製鉄所内の複雑な路線、港の栈橋に向かう路線まで精緻に描かれている。

この地図には１９３５（昭和10）年に発行された５万分の１地形図など参考資料の一覧が掲載され、ここに１９４１（昭和16）年発行の『鉄道省時刻表』も記されている。さらに地図の編纂作業は１９４４（昭和19）年に開始したとも記されている。それゆえ、釜石東線の情報は反映されなかった可能性があるが、交戦中にここまで精緻な地図を作成していたことに驚かされる。

７６２ミリの釜石鉱山鉄道は１９６５（昭和40）年まで運行されており、現在も最後まで活躍していた蒸気機関車が「釜石市立鉄の歴史館」に保存展示されているが、この機関車が現役だった時代の様子がこの地図から読み取れるのだ。

「ひなた GIS」の検索例

「ひなた GIS」で閲覧した千葉県の「九十九里鉄道」の様子。東金線の東金駅から大きくカーブして右下に進む線路が見える。ここで表示された過去の地図は、内務省地理調査所が 1946（昭和 21）年に発行した「東金」5 万分の1地形図だった。

「今昔マップ on the web」の検索例

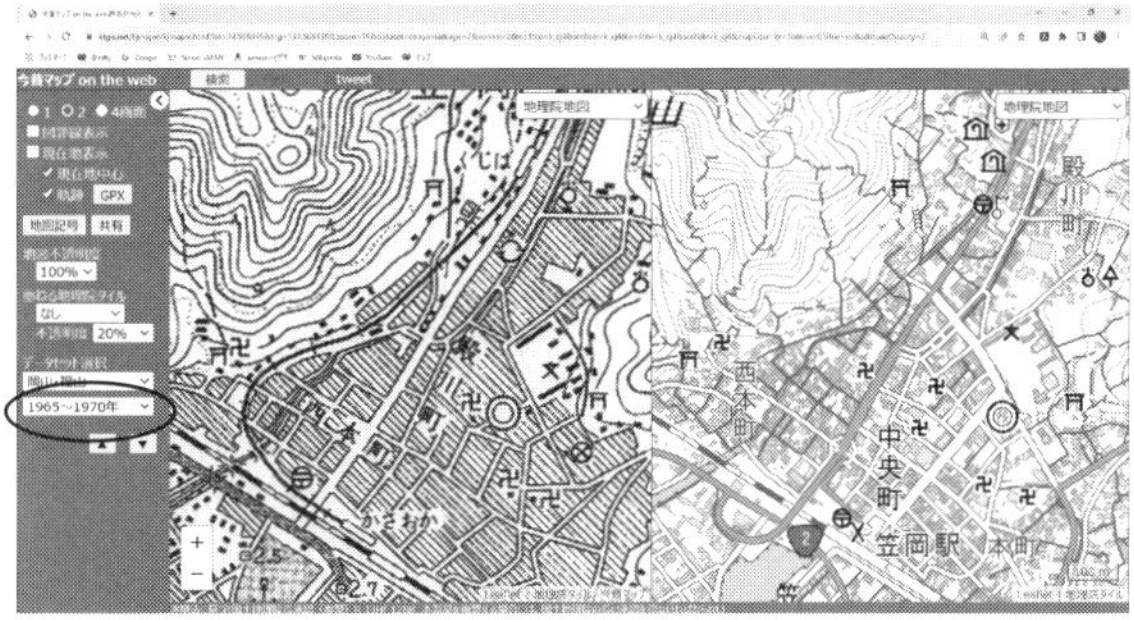

「今昔マップ on the web」で閲覧した岡山県の「井笠鉄道」の様子。山陽本線笠岡駅から大きくカーブして北上する線路が見える。ここで表示された過去の地図は、1942（昭和 47）年に発行した「笠岡」2 万 5000 分の1地形図。画面、左側の操作パネルで地図の年代を変えることができる。

「米軍地図」（University of Texas Libraries）の検索例

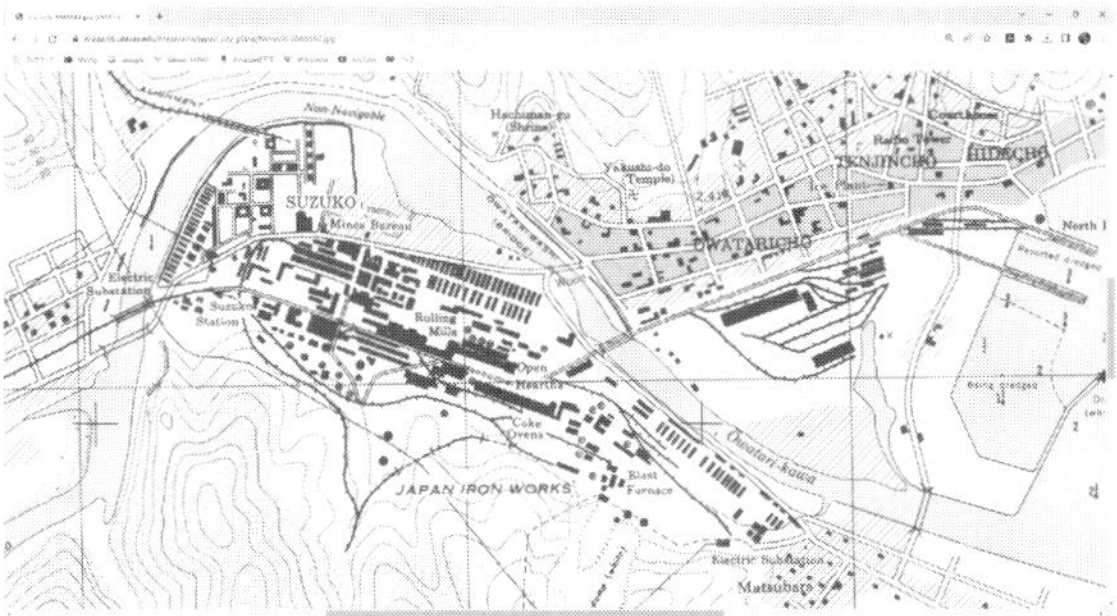

「University of Texas Libraries」で閲覧した岩手県の「釜石鉱山鉄道」の様子。工場内や桟橋に向かう配線も精緻に描かれている。米軍の地図では鉄道が 4 フィート 8.5 インチ（1435㎜）、3 フィート 6 インチ（1067㎜）、ナローゲージに分かれ、それぞれ単線・複線の別も表記されていた。

検索例を
スマホでも
見てみよう

ウェブで探る「軽便鉄道」の楽しみ❸

絵はがきなどの資料

現在、消えてしまった「軽便鉄道」の情景は、絵はがきや写真として残っているケースもある。

現在の絵はがきは観光地の土産物やしゃれたポストカードという扱いになっているが、戦前の写真撮影がごく限られた人の特殊なものだった時代、プロの写真家が撮影した絵はがきは情報伝達ルーツとしてももてはやされた。被写体に「軽便鉄道」が選ばれたものもあり、これが貴重な資料として残っているのだ。

古い絵はがきはコレクターの間で珍重され、一般にはなかなか目にすることができないが、図書館や資料館などで収集したものをインターネット上で公開しているケースもある。同様に個人や団体が撮影した写真の公開もある。こうした情報は近年特に増えてきた気がする。

また、書籍や雑誌に掲載された写真もある。著作権によりインターネットでの公開には制約があるが、国立国会図書館では2023年9月現在、明治期以降の図書160万点、雑誌136万点のほか、各種資料が公開されており、ここにも遭遇の可能性がある。

こうした公開資料は増え続けており、全貌の把握はできないといえる。逆にいえば、常に手探りの探索となり、探索そのものが極めて興味深い楽しみとなる。その結果、1枚でも（自分にとって）未知な写真に行き当たると喜びは大きい。

インターネット上での探索のキーワードは「軽便」「軌道」

「軽便鉄道」「森林鉄道」「鉱山鉄道」などとなるが、一般的な検索サイトで横断検索するとヒット数は膨大過ぎて収集がつかない。まずは資料を公開している図書館や資料館を探し出し、その中で検索するのが確実だ。

こうして見出した写真は、単純に眺めているだけでも楽しいが、そこに写っているものを観察していこう。

まずは車両や鉄道施設をチェックする。車両の素性が判れば興味は増していく。さらに周辺の状況から場所や撮影年代も特定できればより楽しい。

例えば「浜松市立中央図書館／浜松市文化遺産デジタルアーカイブ」で出会えた「遠州鉄道奥山線」の蒸気列車の写真を見てみよう。これは１９７９（昭和54）年に「あれから15年　想い出の奥山線　記念乗車券」として発行されたきっぷの裏側に印刷されたものだった。遠州鉄道そのものは現在も新浜松〜西鹿島間で運行（１０６７ミリ）されているが、１９６４（昭和39）年までは７６２ミリの奥山線も運行していた。

写真は小さな蒸気機関車が小さな客車を２両牽き、橋梁を渡っているシーンだ。

遠州鉄道奥山線の蒸気列車

現在、新浜松～西鹿島間を結ぶ遠州鉄道（1067㎜）では、762㎜の路線も運行しており、そのひとつが浜松軽便鉄道（のち浜松鉄道）を前身とする奥山線だった。奥山線は1950（昭和25）年に東田町～曳馬野間を電化、翌年には曳馬野～奥山間を内燃動力によって無煙化している。写真は遠州鉄道の記念きっぷに印刷されたものだが、浜松鉄道時代の可能性もある。

浜松市立中央図書館／浜松市文化遺産デジタルアーカイブ

機関車は一見した雰囲気でドイツのコッペル製と想像できる。このあたりは経験に頼るしかないが、いろいろな資料を見込んでいくうちに何となく判るようになってくる。ちなみに蒸気機関車の素性を解説した臼井茂信さんの『機関車の系譜図②』によれば、コッペルは日本に４５０両余りが導入され、そのうちの約78％が軌間９１４ミリ以下の軽便用だったという。実際、奥山線でも無煙化まで6両が使われていた。独特な長円窓のキャブは改造されているが、すらりとした煙突やボイラー上のドームにコッペルらしい端正さが読み取れ、軽便ファンを魅了する。

客車は小型といえどもボギー台車を備え、窓数からして8～9メートル長はありそうだ。

撮影場所は橋梁だが、写真に写っているだけでも橋桁の数は4本あり、かなり長いことが判る。ここで１６７ページなどで紹介した古い「地形図」および「空中写真」をたどってみると、祝田（ほうだ）～金指（かなさし）間にあった都田川と想像できる。実は浜松市立中央図書館／浜松市文化遺産デジタルアーカイブの写真解説に答えは記されているのだが、こうして調べていくと楽しい。

さらに地図と光線の向きから午後の上り列車とも想像できる。背景に写っている山容を見てもほぼ間違いないだろう。とまあ、１枚の写真からこうしてあれこれ想像を膨らませていくのだ。当時の情景に思いをはせ、「軽便鉄道」が生きていた時代を追体験している気持ちになれるのである。

熱海鉄道の蒸気列車

東海道本線が熱海経由となる前、小田原と熱海を結んでいた「熱海鉄道」の蒸気列車だ。機関車は志賀直哉の小説『真鶴』で「へっつい」と記され、以後鉄道愛好家の間でもこう呼ばれたもの。絵はがきでは「熱海軽便鉄道」と記されているが、実際の鉄道名には軽便の文字はなかった。

静岡県立中央図書館デジタルライブラリー
ふじのくにアーカイブ

置戸森林鉄道の運材列車

かつて日本全国で森林資源活用のために森林鉄道が敷設された。写真は北海道の置戸地区で1921（大正10）年から運行を開始している。写真はアメリカのボールドウィン製で、現在・赤沢森林鉄道に保存されている機関車の仲間。写真の5号機は戦後、温根湯森林鉄道に移籍して1958（昭和33）年に廃車となった。

置戸町立図書館
置戸町デジタル郷土資料館

木曽森林鉄道の運材列車

絵はがきの写真は落ち着いた構図の写真があるが、中にはフォトジェニックな写真もある。これは木曽森林鉄道の運材列車を後追いで撮影したもの。木材が専用貨車に積まれている様子がよくわかり、運材列車の迫力も伝わってくる。

伊那市立伊那図書館／伊那市デジタルアーカイブ

輕便鐵道用小機關車
Locomotive Engines for Light Railways.

軽便鉄道用小機関車

IHIの前身となる東京石川島造船所が1903（明治36）年に作成したカタログに掲載されていた写真。同社は船舶と共に鉄道車両の製造も手掛けていたが、石炭車などの貨車が多かった。初めてつくった蒸気機関車は海軍向けの7tサイドタンク機で、1902年に7両納品している。その後は5年ほど蒸機の受注が途絶えており、1903年のカタログに載っているのはまさにこの海軍向け機関車だろう。キャブは屋根が付いているだけの吹きさらし。港湾の資材輸送などに使われたのだろうか。

国立国会図書館

草津軽便鉄道の蒸気機関車

「草軽（くさかる）」として有名な草軽電気鉄道の電化前、草津軽便鉄道と呼ばれていた大正時代の写真だ。ここでは11両もの蒸気機関車が使用されたが、写真は雨宮製。動輪が3軸なので、7号機か8号機と思われる。右奥に見える、まさに「樽（たる）」そのものといった給水塔も楽しい。

軽井沢町立図書館／デジタルアーカイブ

東京の下水工事軌道

ブルドーザーやダンプカーが一般化する前、土木工事には鉄道が欠かせなかった。写真は関東大震災後、砂町下水処理場の作業に使われた鉄道だ。軌間は明示されていないが、おそらく610㎜、加藤製作所あたりのガソリン機関車が「なべトロ」と呼ばれるダンプ式のトロッコを牽いている。昭和2年に発行された『東京市下水道事業概要』より。こうした工事の記録にも「軽便鉄道」の活躍が記されていることがある。

国立国会図書館

沼尻鉄道の沿線案内

図書館で公開しているのは、絵はがきや写真だけでなく、鉄道会社がつくった沿線案内なども見かけられる。これは福島県の猪苗代湖のそばを走っていた沼尻鉄道の沿線案内だ。当時、この鉄道は「日本硫黄沼尻鉄道部」による運行となっていたが、パンフレットのタイトルは「沼尻高原鉄道」となっている。実は1954（昭和29）年、岡本敦郎の『高原列車は行く』が大ヒット、その年の暮れに開催された『NHK紅白歌合戦』でも披露された。この曲のモチーフが沼尻鉄道ということで、それにちなんだパンフレットを作製したと思われる。沿線は磐梯山の麓で、温泉やスキー場もあった。

郡山市図書館／デジタルアーカイブ

ウェブで探る「軽便鉄道」の楽しみ 4

Googleマップで軽便探訪

インターネットの「Googleマップ」は普段からかなりお世話になっている。例えば、鉄道沿線の撮影に出向く場合、これで事前に撮影ポイントをチェックしているのだ。特にストリートビューを併用するとかなり有益な情報となる。ちなみに０１６ページで紹介した三岐鉄道北勢線の写真の「Googleマップ」情報を示しておくので、ご自身で確認していただきたい。

この「Googleマップ」を使い、世界各地の「軽便鉄道」を訪ねてみるのも面白い。

特にストリートビューを使うとリアルな情景に出会え、現地に出向いた気分になれる。

ストリートビューはその名の通り道路から見た情景だが、例えばインドの「ダージリン・ヒマラヤ鉄道」の線路は多くが道路わきに敷設されている。ストリートビューでも線路の様子をたどることができるのだ。ダージリン駅に併設されている車庫は線路わきにあり、ストリートビューでは車庫で休んでいる蒸気機関車の姿も見える。

中には列車の窓から見える景色をストリートビューのように紹介している鉄道もある。例えばスイスの「レーティッシュ鉄道」や台湾の「阿里山森林鉄道」ではこうしたサービスが実施されている。レーティッシュ鉄道ではループ線やアーチ橋、阿里山森林鉄道ではスイッチバックの様子なども判り、軽便ファンに限らず見応えがある。

また、ストリートビューから空中写真に切り替えることもできる。これにより道路から見えない構内の様子なども楽しむことができるのだ。

三岐鉄道北勢線撮影ポイント

「Googleマップ」で楽しめる世界各地の軽便鉄道

台湾／阿里山鉄道／軌間762㎜（走行展望）

インド／ダージリン・ヒマラヤ鉄道／
軌間610㎜（ダージリン駅機関庫付近）

スイス／レーティッシュ鉄道／
軌間1000㎜（走行展望）

スイス／ユングフラウ鉄道／
軌間1000㎜（クライネシャディック駅）

ドイツ／ハルツ狭軌鉄道・ブロッケン線／
軌間1000㎜（フリードリッヒ通りの踏切）

アメリカ合衆国／デュランゴ&シルバートン狭軌鉄道／
軌間914㎜（デュランゴ駅）

台湾／阿里山森林鉄道（762㎜）の奮起湖駅。「Googleマップ」ストリートビューではこの界隈の走行展望も見ることができる

スイス／ユングフラウ鉄道（軌間1000㎜）のクライネ・シャイデック駅。「Googleマップ」ストリートビューで駅を散策していくと軌間800㎜のヴェンゲルンアルプ鉄道にも出会える

廃線跡探訪の楽しみ

尾小屋鉄道探索

軽便鉄道の廃線跡を実踏してみるのも楽しみだ。線路跡は道路になっていたり、単なる空き地として残っていたり、はたまた自然に戻っていたりするが、現場に立って往年の姿を想像するのが楽しいのである。

廃線跡の探訪は、現地に出向く前に十分な調査をしていくことが肝心だ。これは現役時代の地図が頼りになる。地図は国土地理院で管理されている2万5000分の1、あるいは5万分の1の地形図がおすすめだ。現在は窓口まで出向かなくてもオンラインで往年の地図情報を確認、さらに購入することが可能になった（https://www.gsi.go.jp/MAP/index.html）。

また、現役時代の写真があると、その場所を特定したり、変化を観察する楽しみも増える。こうした写真は地元の資料館などで所蔵しているケースもあるが、鉄道雑誌、写真集、そしてインターネットなどで諸先輩たちの写真が見つかることもある。今回、モデルコースとした石川県の「尾小屋鉄道」は現役時代に何度か訪ねているので、その写真をプリントして持参した。

なお、廃線跡は歩きやすい道ばかりではないので、山歩きに準じた身づくりもしていきたい。

廃線跡の探索には往年の地図があると心強い

金野町駅跡の様子。山歩きに匹敵する靴が必要だ

新小松駅

新小松駅で出発を待つキハ3（1971.7）。構内には国鉄小松駅に続く踏切があった。2019年に同じ場所を訪ねたら北陸新幹線延伸工事の真っ最中。新幹線小松駅の高架下あたりが尾小屋鉄道の駅だった。

遊園地前駅そばの溜め池

遊園地前駅のすぐそばにあった溜め池のわきを走るキハ1。駅名は遊園地前だったが、特に遊園地があったわけではない（1971.7）。溜め池は周囲が整備されて今も残っていた。

しばしば出会う注意書き。
熊鈴や虫よけも必需品

遊園地前駅そばのSカーブ

遊園地前駅の新小松側の線路は美しいSカーブを描き、お気に入りの場所だった。ホーム跡と思われる場所から同じ角度で眺めてみた。実は085ページで紹介した写真も同じ日（1971.7）にここで撮った。

西大野駅

左に見える低いホームが西大野駅（1970.11）。駅跡は駐車場や民家になっていたが、駅前にあった瀧浪神社はそのままの風情で残っていた。

鉄橋のレールははがされ、枕木も朽ちている。危険な場所には決して立ち入らないこと

大杉谷口の鉄橋

尾小屋鉄道の中ではいちばん立派な橋梁で、人気の撮影ポイントとなっていた（1972.3）。レールは撤去されていたが、橋台や橋脚はそのまま残っていた。

金平駅

金平駅は行き違いが可能で、蒸気機関車用の給水塔もあった。朝の列車はここで増結も行なわれ、車掌が入換作業を補佐していた（1970.11）。駅界隈は田んぼの区画整理が行われ、痕跡はまったくない。背後の山の形で位置を想像した。

観音下駅

難読駅で「かながそ」と読む（1973.7）。線路跡は道路となり、道路の右側に上りホームの後が残っていた。ここも山の形がそのまま残っており、懐かしかった。

尾小屋駅

終点の尾小屋駅。構内はゆったりとしていたが、駅舎は郷谷川を跨いで設置され、変わったレイアウトだった（1971.7）。駅舎は解体されていたが、構内はそのまま空き地となっていた。終端部にある２棟の車庫も残っていた。

転轍機の残骸。こういうものに出会うとうれしくなる

尾小屋駅の車庫とターンテーブル

尾小屋駅の終端部には車庫とターンテーブルがあった（1970.11）。車庫はリニューアルされながらも同位置に建っていた。実は

COLUMN

全国に保存展示されている軽便鉄道の車両

軽便鉄道の車両保存は、国鉄車両などに比べてはるかに少ないが、それでも全国各地に個性的な車両が保存展示されている。実物に触れることで、軽便鉄道ならではの大きさや形態を実感でき、興味も増していくことと思う。

なお、多くは屋外に展示されているが、経年による劣化で廃棄されてしまったものもある。現地を訪ねる際は事前に存在を確認するようにしたい。

保存展示されている主な軽便車両

所在地	車両名	軌間	展示場所	備考
北海道	十勝鉄道４号機ほか	762㎜	帯広市とてっぽ通	４号機(日本車輌製SL)を客車コハ23と共に保存。「とてっぽ」は十勝鉄道の「トテツ」と汽笛の「ポー」から命名。帯広市指定文化財
北海道	浜中町営軌道 DL	762㎜	浜中町農村運動広場	釧路鉄工所製の DL。展示場所は 2023 年にふるさと公園から移設
北海道	鶴居村営軌道 DL ほか	762㎜	鶴居村ふるさと情報館みなくる	泰和車両製の DL を自走客車と共に保存。北海道遺産
北海道	台湾糖業公司 527 号機ほか	762㎜	丸瀬布森林公園いこいの森（遠軽町）	いこいの森では動態保存の雨宮 21 号機のほか、西武山口線で運転された 527 号機（独コッペル製 SL）など多数の車両を保存
北海道	王子製紙４号機ほか	762㎜	アカシア公園（苫小牧市）	４号機（橋本鉄工所製 SL）を客車（貴賓車）と共に保存
秋田県	小坂鉄道 11 号機ほか	762㎜	小坂町立総合博物館郷土館	11 号機（雨宮製作所製 SL)を客車（貴賓車）と共に保存
岩手県	花巻電気デハ３	762㎜	花巻市材木町公園	「馬づら電車」として知られる車体幅の異様に狭い電車
岩手県	富士製鉄釜石 209 号機	762㎜	釜石市鉄の歴史館	製鉄所で活躍していた 209 号機（立山重工製 SL）
福島県	沼尻鉄道 DC121 ほか	762㎜	猪苗代緑の村(猪苗代町)	DC121（協三工業製 DL）を客車（ボサハ 12 など）と共に保存
茨城県	日立鉱山鉄道 EL ほか	762㎜	日鉱記念館（日立市）	常磐線助川駅（現・日立駅）と日立鉱山を結んでいた鉄道で、助川専用電気鉄道とも呼ばれた。日立製作所製の L 形 EL などを保存
千葉県	立山砂防 101 号機ほか	610㎜	成田ゆめ牧場（成田市）	成田ゆめ牧場を活動拠点とする羅須地人鉄道協会が動態・静態合わせて多数の軌間 610㎜車両を保存
神奈川県	熱海鉄道７号機	762㎜	東海道本線熱海駅前広場	越中島鉄工所製と推定される「へっつい SL」。準鉄道記念物
静岡県	静岡鉄道 B15	762㎜	藤枝市郷土博物館	駿遠線で活躍していた立山重工製 SL
静岡県	国鉄ケ 91	762㎜	浜松市堀留ぽっぽ道	大日本軌道製 SL。国有化された東濃鉄道で活躍
愛知県	国鉄ケ 90	762㎜	リニア･鉄道館(名古屋市)	大日本軌道製 SL。国有化された東濃鉄道で活躍
三重県	近鉄北勢線モニ 226	762㎜	軽便鉄道博物館（北勢線阿下喜駅）	現在は三岐鉄道となった北勢線近鉄時代の電車

浜中町営軌道（浜中町農村運動広場）

花巻電鉄デハ３（花巻市材木町公園）

小坂鉄道 11 号機（小坂町立総合博物館郷土館）

日立鉱山鉄道 EL（日鉱記念館）

熱海鉄道7号機（東海道本線熱海駅前広場）

尾小屋鉄道№5（小松市立ポッポ汽車展示館）

井笠鉄道ホジ9（笠岡交通公園）

下津井電鉄モハ103（旧下津井駅）

住友別子鉄道 ED104（別子銅山記念館）

所在地	車両名	軌間	展示場所	備考
長野県	草軽電気鉄道デキ13	762㎜	北陸新幹線軽井沢駅北口	「L電」として知られるL形車体の米国ジェフリー製 EL
長野県	木曽森林鉄道1号機ほか	762㎜	赤沢森林鉄道記念館（上松町）	米国ボールドウィン製の SL 1号機をはじめ、木曽森林鉄道と総称された木曽谷の森林鉄道車両を各種保存。動態運転も実施
長野県	木曽森林鉄道 DL ほか	762㎜	水交園（王滝村滝越）	通学用に運転されていた「やまばと号」編成で保存
新潟県	頚城鉄道2号機ほか	762㎜	頚城鉄道資料館(上越市)	頚城鉄道明治村駅の車庫をそのまま資料館としたもの。2号機（独コッペル製 SL）ほか、ホジ3気動車、DL、客車など多数の車両を保存
富山県	黒部峡谷鉄道 ED8 ほか	762㎜	北陸新幹線新黒部駅前広場	東洋電機製の凸型 EL。ハフ26・27客車と共に保存
富山県	黒部峡谷鉄道 EB5	762㎜	黒部川電気記念館（宇奈月駅前）	L形車体の米国ジェフリー製 EL。集電装置はポール式
富山県	黒部峡谷鉄道 ED11 ほか	762㎜	トロッコ広場（宇奈月駅そば）	東洋電機製の凸型 EL。ハフ10客車と共に保存
石川県	尾小屋鉄道№5ほか	762㎜	小松市立ポッポ汽車展示館	№5（立山重工製 SL）やキハ3、ハフ1と共に保存
石川県	尾小屋鉄道 DC121 ほか	762㎜	いしかわ子ども交流センター小松館	なかよし鉄道では動態保存のキハ1のほか、DL や客車を保存
岡山県	西大寺鉄道キハ7	914㎜	両備バス西大寺バスセンター（岡山市）	デッキ付きの気動車。軌間914㎜の数少ない保存車両
岡山県	井笠鉄道3号機ほか	762㎜/914㎜	池田動物園（岡山市）	3号機（独コッペル製 SL）を西大寺鉄道の客車、貨車と共に保存
岡山県	下津井鉄道クハ6ほか	762㎜	おさふねサービスエリア（瀬戸内市）	クハ6（気動車改造電車）のほか客車、貨車を保存
岡山県	下津井電鉄モハ103ほか	762㎜	旧下津井駅（倉敷市）	「下津井みなと電車保存会」の手で下津井駅構内を保存。下津井電鉄や井笠鉄道の車両を収集、レストアを進めている
岡山県	井笠鉄道1号機ほか	762㎜	井笠鉄道記念館(笠岡市)	井笠鉄道新山駅跡に設置。1号機（独コッペル製 SL）をホハ1客車や貨車と共に保存
岡山県	井笠鉄道ホジ9	762㎜	笠岡交通公園（笠岡市）	道路橋下にデッキ付き気動車（ホジ9）を保存
岡山県	井笠鉄道ホジ101ほか	762㎜	経ヶ丸グリーンパーク（井原市）	晩年の主力気動車（ホジ101）とホハ8客車を保存
愛媛県	伊予鉄道1号機ほか	762㎜	梅津寺公園（松山市）	鉄道記念物指定の1号機（独クラウス製 SL）と復元客車を保存
愛媛県	住友別子鉱山鉄道1号機ほか	762㎜	別子銅山記念館（新居浜市）	準鉄道記念物指定の1号機（独クラウス製 SL）や ED104 電気機関車をはじめ各種車両を保存

鉄道模型で楽しむ「軽便鉄道」

実物の「軽便鉄道」や「ナローゲージ鉄道」は大半が消えてしまった。しかし、その車両や情景に憧れを持ち、想像をふくらませる楽しみは不滅だ。先人たちが残してくれた写真やさまざまな資料に触れることも楽しみとなるが、一歩進んで自分で形にすることもできる。例えばイラストや絵画で表現してもいい。あるいは模型として3次元の世界につくりあげることもできる。ここでは鉄道模型での楽しみ方を紹介しよう。

現在、日本の鉄道模型は「Nゲージ」という規格が主流になっている。この場合のゲージは「軌間」ではなく「規格」の意味だ。つまり「N規格」という意味だ。Nゲージの場合、レールの間隔（軌間）は世界共通で9ミリとなっている。日本型車両は150分の1の縮尺でつくるのが基本だ。ただし、新幹線は160分の1とやや小ぶりにつくられている。実物の新幹線は1435ミリ軌間で、JR在来線の1067ミリ軌間より広い。いわば新幹線は〝ガニ股〟で、その雰囲気を表現するために縮尺を変えて表現しているのだ。

また、日本や欧米諸国では「HOゲージ」という規格も楽しまれている。こちらは軌間を16・5ミリとし、日本型は80分の1、新幹線や欧米型車両は87分の1でつくるのが基本だ。

鉄道模型で「軽便鉄道」や「ナローゲージ」をリアルに表現する場合、こうした標準的な模型を基本としながら工

個性的な軽便鉄道の車両を模型で楽しんでみたい。今では完成品や組み立てキットとした製品も発売されている。写真の模型は手前が「HOナロー」（1/80～1/87・9㎜）、奥にある大きめの電車、貨車、クレーン車が「Oナロー」（1/48・16.5㎜）。軽便鉄道模型の規格についてはメーカーによっても呼称が異なることもある

夫が必要になってくる。縮尺はNゲージやHOゲージと共通にしながら軌間を狭め、「軽便鉄道」や「ナローゲージ」の持つ〝狭軌感〟を模型でも再現しようというわけだ。

例えばHOゲージを基本として、多くの軽便鉄道で使われた762ミリ軌間を縮尺してみると、80分の1なら約9・5ミリ、87分の1なら約8・8ミリとなる。およそ9ミリだ。標準軌となる16・5ミリと比べるとぐっと狭く、線路だけでもナローゲージの雰囲気が出てくるというわけだ。

ちなみに9ミリでつくるとなると、元々9ミリを基本としているNゲージの線路や車輪などを活用できるメリットも出てくる。実際には同じ9ミリでもHOゲージのナローとNゲージのスタンダードでは線路の表現（例えば枕木の長さや間隔、レールの太さなど）が変わってくるので、便宜的な活用ということになるが、手軽に楽しもうとする向きにはうれしい。

ナローゲージは軌間が狭いため、実物の車両も比較的小ぶりとなる。ただし、運転したり乗車したりする人間は小さくならないので、車両はやや頭でっかちの独特なフォルムを描く。これがナローゲージの独特な魅力のひとつとな

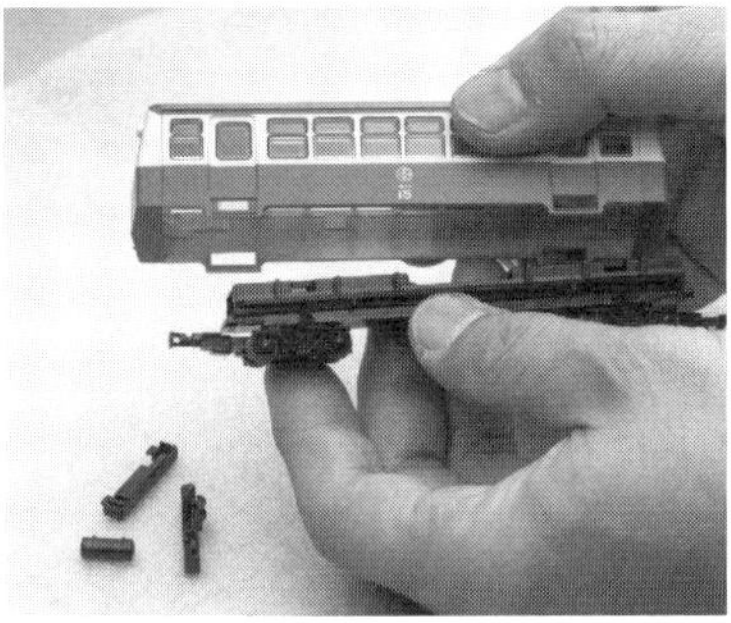

今では軽便鉄道をモチーフとした製品も各種発売されている。写真はジオコレ「ナローゲージ80」のディーゼルカー。塗装済みで観賞用とした製品だが、動力化して9㎜幅の線路で走らせることもできる

る。模型でもこの雰囲気が十分演出できるのだ。

機関車や気動車、電車など1両だけを眺めていても楽しいが、せっかくなので線路と共に〝狭軌感〟を楽しんでみたい。実際、「軽便鉄道」や「ナローゲージ」を指向するモデラーでは、車両だけに留まらず、レイアウトやジオラマといった情景模型に発展させ、鉄道のある情景として楽しむ人が多いと感じる。さらに実物の「軽便鉄道」や「ナローゲージ」では急曲線が多用されることも多く、これもレイアウトをつくる時にもメリットとなる。新幹線車両が急カーブを走るのは見苦しいが、軽便車両が急カーブを走るのは微笑ましく見えるのだ。

商業ベースの鉄道模型で「軽便鉄道」や「ナローゲージ」といったジャンルは大きくないが、それでも近年は「ＨＯナロー」（ＨＯゲージを基本としたナローモデルで、軌間は9ミリが主流）、「Oナロー」（48分の1などのOゲージを基本としたナローモデルで、軌間は16・5ミリが主流）などの製品も出ている。

例えばトミーテックのジオコレでは「ナローゲージ80」というシリーズを展開している。これは７６２ミリ軌間を80分の1に縮尺、近似の9ミリ線路で運転できるように考えられたものだ。車両も特定の実物（プロトタイプ）を正確に縮尺したものでなく、「軽便鉄道」や「ナローゲージ」車両の持つ雰囲気を気軽に楽しんでもらおうというコンセプトだ。このあたりから入門してみるのもおすすめだ。Ｎゲージの線路で走らせられるが、レイアウトやジオラマへの発展も楽しめる。

なお、先輩モデラーの作品は鉄道模型専門誌などでしばしば発表されているが、毎年秋には「軽便鉄道模型祭」

毎秋開催される「軽便鉄道模型祭」。軽便鉄道やナローゲージをモチーフにした車両、ジオラマ、レイアウト作品が展示される（写真：軽便鉄道模型祭事務局）

松本が学生時代につくったナローゲージのジオラマ。雪道を歩いていたらトロッコの線路に出会ったという想定。こんな瞬間のあることを夢見ていた。手漕ぎのトロッコがポイント。縮尺は 1/80、軌間は９㎜

(https://keibenfes.exblog.jp/) が開催され、日本中の軽便モデラーが持ち寄った作品が展示される。こんなイベントを見学してみるのも一興だ。

最後に筆者の個人的な「軽便鉄道」をモチーフとした鉄道模型への想いを記しておきたい。

幸いにも実物の「軽便鉄道」にいくつか触れることができたものの、ごくわずかな断片を垣間見たのに過ぎない。しかし、大先輩たちからさまざまな話を伺うことができ、そしてたくさんの写真を見せていただいた。さらに自ら歩けばいろいろな資料に出会え、現役時代に出会えなかった「軽便鉄道」への憧れがつのっていくのだ。

後は「想像」の楽しみである。こんな場所を、こんな車両が走っていたのでは?と思いをふくらませていくのだ。そして、いつしか心に描いたその憧れの情景を目にしたいと思うようになる。

絵で描く方法もあるだろうし、文章で表現する方法もある。筆者の場合、３次元で眺めてみたいと思い、鉄道模型の力を借りているのだ。

プロトタイプの車両を正確にスケールダウンした模型も素晴らしいが、「軽便鉄道」の場合、自分がその鉄道会社の社長であり、乗客となる。自分なりのアレンジがまた楽しい。

さらにこんなところに鉄道を走らせてみたいという思いからレイアウトやジオラマといった情景模型にも進んでいく。鉄道模型は線路の上を走らせることもできるのが特長のひとつで、できれば走らせたい。しかし、小さな模型では動力装置などの工夫が必要で、なかなか技術が追い付かない。さらにレイアウトとして線路のまわりの情景まで作り込んでいくと、これがまた走行に対してはマイナス要因となる。

初めて鉄道模型の情景付きレイアウトに挑戦したのは中学時代だったが、無謀にも端から「軽便鉄道」をめざしてしまった。机の上で作業できる新聞紙1ページぐらいのサイズだったが、線路を半分敷いたところで挫折した。

結局、ぐっとサイズを小さくして、菓子箱（カステラの入っていた杉箱）の中に心に描いた「軽便鉄道」の世界をつくった。プロトタイプのあるのは気動車と小屋だけ。気動車は井笠鉄道で写真を見せていただいた単端式のジ1で、車体は紙とバルサ材で作ってある。塗装は井笠鉄道のイメージで黄色を使ったが、腰の緑は自分の鉄道ということで茶色。小屋は木曽森林鉄道の車窓に現れたもの。木の皮で屋根をふき、石を載せているのが面白かった。

稚拙なレイアウトと車両だが、何とか自分の「軽便鉄道」が開業となった。それから半世紀が過ぎても筆者の軽便鉄道や鉄道模型への想いは続いている。進歩がないといえばそれまでだが、これだけやっていても飽きの来ない、素晴らしい趣味なのだと思いたい。

松本がカステラの木箱の中につくった軽便鉄道のレイアウト。縮尺は1/80とし、線路はNゲージ用を加工して使用。枕木の本数を減らし、バラストがまばらな雰囲気を表現している。車両は紙でつくった単端式気動車。このレイアウトは製作からすでに50年以上経ているが、今でも何とか運転することができる。YouTube動画参照でお楽しみください

「軽便鉄道」をテーマにしたおすすめ図書

軽便鉄道のことをより深く知りたい方に参考となる図書を紹介しておこう。ここでは現在入手しやすいタイトルを挙げたが、このほかにも参考になるものも多い。また、個々の鉄道に絞って追及した図書も各種刊行されている。

モノクロームの軽便鉄道
諸河 久

国鉄・JR・私鉄、新幹線から通勤電車やローカル線まで、幅広く活躍する鉄道写真家・諸河久氏は実は軽便鉄道ファンでもあった。軽便が現役だった1960年代、国鉄取材の合間に訪ねてきた情景が美しくよみがえる。（イカロス出版／税別2,300円）

軽便鉄道時代
岡本憲之

「北海道から沖縄まで“せまいせんろ”の軌跡」として全国各地で活躍してきた軽便鉄道の集大成的なガイドブック。現役当時の貴重な写真や路線図も掲載、各鉄道の概要を紐解く軽便百科事典でもある。（ＪＴＢパブリッシング／税別1,900円）

軽便探訪
新井清彦

軽便鉄道の末期ともいえる1966～1972年、静岡鉄道駿遠線や日本硫黄沼尻鉄道をはじめ、新井清彦氏が精力的に訪ねた全国の軽便鉄道を紹介。モデラーでもあった筆者らしく、駅構内の配置図や車両の図面なども豊富。（機芸出版社／税別3,600円）

日本の軽便鉄道
いのうえ・こーいち

現役＆保存など今日でも見ることのできる日本の軽便鉄道を紹介。さらに1970年代の軽便終焉記録も加え、日本の狭軌鉄道を多角的にまとめた一冊。このほか、メディアパルから「糸魚川 東洋活性白土＋基隆」「草軽電鉄＋栃尾電鉄」など、いのうえ・こーいち氏による軽便をテーマとした書籍が多数刊行されている。（メディアパル／税別2,200円）

全国森林鉄道
西 裕之

日本全国各地で運行されてきた森林鉄道をつぶさに紹介。路線のスペックや歴史だけでなく、各森林鉄道で活躍してきた車両たちや貴重な情景写真も多数掲載。森林鉄道の入門書としておすすめしたい一冊。（JTBパブリッシング／税別1,400円）

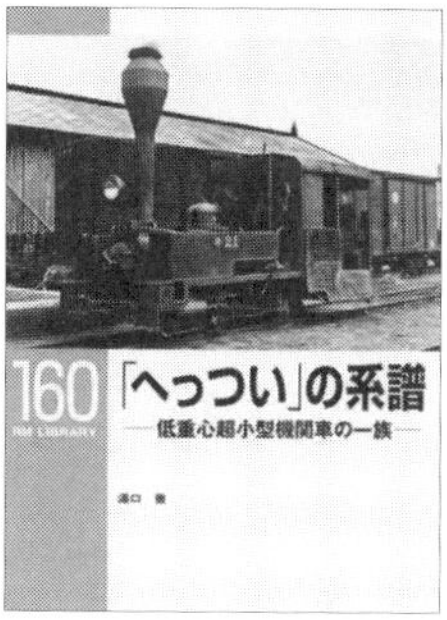

「へっつい」の系譜
湯口 徹

「へっつい」とは軽便用の低重心超小型機関車のニックネーム。軽便趣味界のオーソリティ・湯口徹氏による貴重な解説書。鉄道や車両をテーマに探求するRMシリーズの一冊で、ほかにも興味深い軽便書が多数。（ネコ・パブリッシング／税別1,200円）

究極のナローゲージ鉄道
岡本憲之

「せまい鉄路の記録集」と銘打つ軽便鉄道の写真集。関西にあった中山製鋼所構内鉄道、奥多摩工業の石灰運搬軌道など、軽便鉄道ファンでもなかなか触れることの出来なかった「幻」の軽便鉄道を数多く紹介している。（講談社／税別2,800円）

助六
木曽森林鉄道鰍川線
なんかる林鉄班

「助六（すけろく）」とは木曽森林鉄道で最後まで運行されてきた鰍川（うぐいがわ）線で前線基地となっていた事業所名だ。丸太組の木橋を多用、本線とは異なる作業線の姿に森林鉄道ファンならずとも圧倒される。（南軽出版局／税別2,700円）

軽便鉄道 雪景色
なんかる軽便の会

軽便鉄道の雪景色だけを収録したちょっと変わった写真集。非力なイメージの軽便鉄道だが、雪国では自然の猛威と戦わねば運行できなかった。除雪車の活躍や雪晴れの美しい情景。半世紀前の雪国の小さな鉄道が蘇る。（南軽出版局／税別2,000円）

軽便鉄道 蒸機軽便物語
なんかる軽便の会

軽便鉄道趣味の啓蒙活動を続ける南軽出版局の代表作。明治から昭和まで日本の軽便鉄道で活躍してきた蒸気機関車を包括的に紹介する写真集。小さな機関車が短い客車や貨車を牽いてコトコト走っていた懐かしいも情景も収録されている。（南軽出版局／税別2,700円）

Profile

松本典久◉まつもと・のりひさ

1955年、東京都生まれ。東海大学卒業。出版社勤務を経て、1982年からフリーランスの鉄道ライター・ジャーナリストとして活躍。鉄道模型や廃線、鉄道旅行まで、あらゆる鉄道分野にわたる著書多数。近著に旅鉄BOOKS029『昭和・平成の名列車がよみがえる 夜行列車の記憶』、旅鉄HOW TO 011『大人の鉄道模型入門』、旅鉄HOW TO 002『60歳からのひとり旅　鉄道旅行術 増補改訂版』(天夢人)、『鉄道と時刻表の150年　紙の上のタイムトラベル』(東京書籍)、『ブルートレインはなぜ愛されたのか?』『オリンピックと鉄道』『どう変わったか?平成の鉄道』(交通新聞社) など多数。

編集　揚野市子(「旅と鉄道」編集部)
デザイン　ロコ・モーリス組
編集協力　木村嘉男

軽便鉄道入門

2023年11月21日　初版第1刷発行

著　者　松本典久
発行人　藤岡 功
発　行　株式会社 天夢人
〒101-0051　東京都千代田区神田神保町1-105
https://www.temjin-g.co.jp/
発　売　株式会社 山と溪谷社
〒101-0051　東京都千代田区神田神保町1-105
印刷・製本　株式会社シナノパブリッシングプレス

◎内容に関するお問合せ先
「旅と鉄道」編集部　info@temjin-g.co.jp　電話03-6837-4680
◎乱丁・落丁に関するお問合せ先
山と溪谷社カスタマーセンター　service@yamakei.co.jp
◎書店・取次様からのご注文先
山と溪谷社受注センター　電話048-458-3455　FAX048-421-0513
◎書店・取次様からのご注文以外のお問合せ先
eigyo@yamakei.co.jp

Printed in Japan
ISBN978-4-635-82488-0